www.tredition.de

AF201992

Gabriele Jöhren

Euch zum Trost

Ein Ratgeber zur Trauerbewältigung mit bewährten und hilfreichen Ritualen

www.tredition.de

© 2015 Gabriele Jöhren

Verlag: tredition GmbH, Hamburg

ISBN
Paperback: 978-3-7323-4373-7
Hardcover: 978-3-7323-4374-4
e-Book: 978-3-7323-4375-1

Printed in Germany

Gabriele Jöhren

Euch zum Trost

Ein Ratgeber
zur Trauerbewältigung
mit bewährten und
hilfreichen Ritualen

Inhalt

Einen Raum schaffen

Einen Raum schaffen
Eine Heimat bieten
Zuhause sein
Bei sich selber
Einen Raum schaffen
Mit anderen zusammen
Wo alle Gefühle sein dürfen
Wo Trauer sich ausdrücken darf

Einen Raum schaffen
Wo sich Schleusen öffnen
Und plötzlich das Leben wiederkommt
Leben unter der Kruste des Totschwei-
gens

Einen Raum schaffen
Für alle verlorenen Träume
Für die Sehnsucht nach Heimat
Für das Suchen nach Verständnis
Für die verpassten Chancen
Für die enttäuschenden Freundschaften
Für all das Alleingelassensein

Einen Raum schaffen
Wo die Tränen sein dürfen
Und der Trost der anderen dich trägt
Und wo du Mut bekommst für Morgen

Gabriele Jöhren

1.) Über die Trauer

In unserer Gesellschaft herrscht immer noch eine große Unsicherheit und Ratlosigkeit, wenn es um Trauer und Abschied geht. Obwohl es kein Leben ohne die Erfahrung von Abschied und Verlust gibt, will sich kaum jemand ernsthaft mit diesem Thema beschäftigen.

Natürlich gibt es kollektive Trauer bei Naturkatastrophen, bei Flugzeugabstürzen und in jüngster Zeit auch bei der Erfahrung von Krieg und Mord, die in so vielen Teilen der Welt zu beklagen ist.

Aber der Einzelne geht lieber schnell wieder zur Tagesordnung über und wenn es Trauer in der Nachbarschaft gibt, sind viele ratlos und versuchen, den Kontakt zu den Trauernden zu vermeiden.

Unser Menschenbild, das in den Medien vermittelt wird, zeigt den immer fröhlichen Helden, der stark und gesund, schön und erfolgreich durch sein Leben geht und der aus eigener Kraft in der Lage ist, sein Leben zu meistern.

Und da ist eben kein Platz für traurige Menschen, die sich zeigen könnten mit ihren Tränen, niemand will mit den Problemen anderer belastet werden und mit Trauernden will man am liebsten nicht viel zu tun haben.

Ein Manager meinte zu mir, dass das Thema Trauer so ähnlich ist wie das Thema Zahnschmerzen. Jeden trifft es irgendwann, aber bis dahin will niemand etwas davon wissen.

Trauer passt nicht in eine Welt der Schönen, Reichen und Erfolgsverwöhnten, die Welt dreht sich weiter und auch wenn große Persönlichkeiten sterben, folgt der Alltag schon am nächsten Tag seinen eigenen Gesetzmäßigkeiten.

Im Englischen heißt es „The Show must go on" – „die Show muss weiter gehen", so sieht es aus in unserer schnelllebigen Welt, die keinen Stillstand duldet. Und so leben viele im täglichen Hamsterrad von Arbeit und Freizeit, wobei die Arbeit oftmals als notwendiges Übel angesehen wird, um sich die kostspieligen Freizeitaktivitäten oder den aufwendigen Lebensstil leisten zu können.

Und trotzdem ist Trauer überall gegenwärtig, je älter wir werden umso mehr Menschen sterben um uns herum. Die Großeltern, die Eltern, die Nachbarn, Kollegen und Freunde und irgendwann der Partner, bis wir schließlich selber diese Welt verlassen.

Es ist gut eingerichtet, dass wir nicht wissen, wann ein Leben enden wird, sonst könnte niemand unbeschwert durch seine Tage gehen.

Doch der Abschied von Menschen, die uns nahestehen und auch von entfernteren Bekannten ist unausweichlich, allgegenwärtig, immer auch Teil unseres Alltags, wenn auch ungern gesehen.

Was aber ist zu tun, wenn es uns trifft? Wie gehen wir damit um, wenn wir mit dem Tal der Tränen konfrontiert werden? Und wie schaffen wir es, unsere eigene Trauer um einen geliebten Menschen zu bewältigen?

Viele Fragen, die kaum jemand beantworten kann.

Die Menschen sind es so gewohnt, ihre Gefühle zu verstecken und schnell zur Tagesordnung überzugehen, dass sie ihre Trauer auch am liebsten verdrängen. Ablenken und weitermachen, funktionieren und arbeiten, tausend Aktivitäten ausführen und bloß nicht zur Ruhe kommen, das sind Strategien, die in unserer Gesellschaft häufig vertreten sind.

Und auch nach einem Verlust hoffen viele Menschen, dass sie mit diesen Strategien bald über den traurigen Verlust hinweg kommen werden. Doch leider funktioniert das so nicht, denn Trauer ist ein sehr starkes Gefühl in uns, das nach einem Ausdruck sucht.

2.) Die Zeit heilt keine Wunden

Weit verbreitet ist die Auffassung, dass die Zeit helfen wird, die Wunden der Trauer zu heilen. Wohl meinende Sprüche hören trauernde Menschen an jeder Ecke. Freunde und Bekannte sagen oft: „Das wird schon wieder" und „Du kommst schon darüber hinweg", „Du musst jetzt nach vorne sehen", und eben auch „Die Zeit heilt alle Wunden."

Eines ist gewiss: Die Zeit vergeht und alles ist im Wandel. Aber die Trauer, die durch den Verlust eines geliebten Menschen ausgelöst wird, können wir nicht durch „abwarten und Tee trinken" überwinden. Trauer ist ein starkes Gefühl, das zu uns Menschen gehört wie das Gefühl der Liebe und Freude.

Und genauso wie wir unseren guten Gefühlen einen Ausdruck geben, indem wir lachen und glücklich sind, brauchen auch die so genannten „schlechten Gefühle" wie Trauer, Angst und Wut einen Ausdruck, damit der Mensch von innen heilen kann. Aber wir alle haben es nicht gelernt, diesen Ausdruck zu geben und uns auch mit unseren dunklen Gefühlen wahr und ernst zu nehmen.

Manche Menschen schaffen es jahrelang, ihre Trauer wegzudrücken und einfach weiter zu funktionieren. Aber dann kann es sein, dass durch einen Film oder eine Musik das verdrängte Gefühl des Verlustes wieder hochkommt und sich Bahn bricht, wenn man es gar nicht erwartet.

Andere fallen in eine tiefe Depression, können sich nicht mehr freuen, weil die große Trauer sie lähmt und handlungsunfähig macht. Auch hier vergeht die Zeit, aber sie wird eben nicht genutzt, um einen Ausdruck für den Verlust zu suchen und all das Ungesagte und Unerledigte auszusprechen und zu erledigen, das zu dem verstorbenen Menschen gehört.

3.) Woher kommt es, dass wir kaum noch Rituale in der Trauer kennen?

Es ist heute schwer für die Menschen, sich von ihren Angehörigen zu verabschieden, denn alte Rituale und Verhaltensweisen sind nach dem Zweiten Weltkrieg verloren gegangen.

Nach dem Krieg wurde nicht kollektiv getrauert um die Millionen von Toten. So gut wie jede Familie hatte einen oder mehrere Tote oder Vermisste zu beklagen. Nach Kriegsenden hatten die Menschen existentielle Sorgen. Es galt, ein zerstörtes Land wieder aufzubauen und viele hatten kein Dach mehr über dem Kopf und mussten Hunger leiden.

Viele wurden aus ihrer Heimat vertrieben und mussten sich aus dem Nichts heraus eine neue Existenz aufbauen. Und in der Fremde waren sie nicht überall willkommen, denn die Menschen hatten ja auch im Westen vieles verloren und kämpften um ihr eigenes Überleben. Familien waren auseinander gerissen worden, viele hatten ihre Häuser und ihr gesamtes Hab und Gut verloren.

Die Zukunft war ungewiss und jeder musste sehen, wie er den heutigen Tag irgendwie überstehen könnte. In einer solchen Lage tritt der Überlebenskampf in den Vordergrund und im Angesicht des allgegenwärtigen Todes hatten viele Menschen auch keine Kraft mehr, um zu trauern. Fatal daran ist die Entwicklung, dass auch die vorher üblichen Rituale, die zur Trauer gehörten, verloren gegangen sind.

Wenn vor dem Krieg noch gemeinsam getrauert wurde, hat sich nach dem Krieg herausgestellt, dass die Trauer nun Privatsache geworden ist. Und so wurde der Tod nach dem Ende des Zweiten Weltkriegs ausgegrenzt in Krankenhäuser und Seniorenheime.

Oftmals wurden die Toten nur nachts abgeholt, doch in vielen Seniorenheimen haben sich die Menschen dagegen gewehrt, dass die verstorbenen Mitbewohner einfach des Nachts verschwinden. Sie wollen mitbekommen, dass einer ihrer Mitbewohner gestorben ist und sie wollen sich von ihm verabschieden können. Und dadurch ist man heute oft dazu übergegangen, die Toten doch am Tage abzuholen.

Wenn vor dem Krieg noch mehr als jeder zweite Tote zuhause aufgebahrt wurde, damit die Familie und die Nachbarn und Freunde in Ruhe am Totenbett Abschied nehmen konnten, sind es heute nur noch fünf bis zehn Prozent aller Verstorbenen.

Oft haben die Menschen auch eine sehr große Angst vor den Verstorbenen. Wenn jemand zuhause stirbt, geraten manche Menschen in Panik und rufen dann völlig aufgelöst den Bestatter an, dass er sie schnellstens von der Leiche befreien soll. Alte hartnäckige Halbwahrheiten wie: „Tote entwickeln ein Leichengift" haben sich in den Köpfen der Menschen festgesetzt und sie wirken noch heute, auch wenn sie längst als überholt gelten.

Ein Mensch, der auf natürliche Weise verstorben ist, wird nicht dadurch giftig, dass er nun tot ist. Er verändert sich, der Körper kühlt ab und auf den meisten Gesichtern breitet sich eine entspannte Ruhe und manchmal sogar ein Lächeln aus.

Manche sagen, dass tote Menschen sogar „schön" sind. Und vielen hilft es, sich nach dem Tod eines Angehörigen Zeit für einen ruhigen, friedlichen Abschied zu nehmen.

Viele Menschen wissen auch nicht, dass sie ihren Verstorbenen noch 36 Stunden zuhause behalten dürfen, so schreibt es der Gesetzgeber vor. Erst dann muss er vom Bestatter abgeholt und versorgt werden.

Wenn der Verstorbene im Krankenhaus oder in einer Senioreneinrichtung gestorben ist, bieten viele Einrichtungen den Angehörigen die Möglichkeit an, sich in einem gesonderten und schön hergerichteten Zimmer zu verabschieden, bevor der Bestatter kommt.

Durch den Einsatz engagierter Bestatter wird den Angehörigen heute wieder häufiger die Möglichkeit einer Aufbahrung angeboten, um sich dann in den Räumen des Bestatters oder in den Abschiedsräumen auf den größeren Friedhöfen zu verabschieden.

Leider wird diese Möglichkeit längst nicht von jeder Familie genutzt. Aber die meisten Menschen, die ich kennengelernt habe, empfanden diese Verabschiedung vom Verstorbenen als sehr wichtig und hilfreich.

4.) Vom Umgang mit unseren Gefühlen:

In der Trauerbegleitung geht es darum, einen neuen Umgang mit den Gefühlen zu schaffen. Das Ziel ist in jedem Fall: Finde einen Ausdruck für dein Gefühl, sieh hin, was im Augenblick an Gefühlen da ist und lass es fließen.

Doch genau das haben wir nie gelernt. Schon früh haben uns unsere Eltern dazu angehalten, unsere Gefühle zu unterdrücken.

Weinende Kinder werden sofort abgelenkt und wütende Kinder bekommen sofort eine Grenze gezogen, mit ihrem Wutgeheul aufzuhören.

Unsere Gefühle wurden seit frühester Kindheit in die Schubladen „gut" und „schlecht" gesteckt. Die guten Gefühle wurden von unserer Umwelt willkommen geheißen, die schlechten wurden sofort unterbrochen mit Worten wie:

„Du brauchst keine Angst zu haben", „Stell dich nicht so an", „so schlimm ist das nicht", „hör sofort auf mit dem Geschrei", „du willst doch keine Heulsuse sein", „Indianer kennt keinen Schmerz",

„starke Jungs heulen doch nicht" und so weiter- oder wir wurden mit Süßigkeiten abgelenkt

Und so haben wir alle schon früh in der Kindheit gelernt, unsere „schlechten Gefühle" zu verdrängen, die Tränen und die Wut herunter zu schlucken, damit wir nicht anecken bei unseren Eltern.

Das Nein zum Gefühl ist jedoch fatal, denn durch Verdrängen und ignorieren ist das Gefühl zwar vordergründig verstummt, aber innerlich wirkt es weiter. Die Verdrängung entlässt es nicht, sondern sie hält es fest in unserem Inneren.

Jedes Ja zu einem Gefühl befreit es und bringt es zum Fließen. All unsere Gefühle gehören zu uns und sie sehnen sich nach Anerkennung und Annahme, genauso wie jeder Mensch anerkannt und angenommen werden will.

Wenn wir uns Zeit nehmen und unsere Gefühle wohlwollend betrachten, wenn wir ihnen die Erlaubnis geben, da zu sein und sie aus dem Dunkel der Ablehnung herausholen, dann können sie fließen und dann können sie irgendwann gehen.

Vielen Menschen gelingt das nicht alleine, sie brauchen Hilfe und Begleitung und gerade bei den traurigen Gefühlen tut es vielen Menschen gut, wenn sie in ihrer Trauer gesehen werden. Doch damit stehen sie oft allein da, denn die Gesellschaft will von Trauer nicht viel wissen.

Dabei ist es sehr wichtig, dass die Gefühle fließen dürfen. Hier kann eine Trauerbegleitung wertvolle Hilfe sein, denn sei bietet den Raum für den Ausdruck der Gefühle.

Unser Meer

Das große salzige Meer in uns
Ertränkt unsere Gefühle
Langsam, schleichend, unbemerkt
Vergiftet es unsere Seelen
Welches Meer fragst Du
Kannst Du es Dir nicht denken?

Das große salzige Meer in uns
ist gespeist von unseren Tränen
ist angefüllt von unserer Trauer
hat sich ausgebreitet durch unser
Verdrängen all der Gefühle,
die wir nicht haben dürfen

So haben sie uns gelehrt

Brich die Dämme auf
Mach die Schleusen auf
Lass die Sturmflut kommen
um endlich, endlich zu fließen
überzufließen, auszuschwemmen,
loszulösen

all die Wut
all die Verzweiflung
all die große Trauer

damit Du wieder lebendig wirst
damit Du wieder fühlen kannst

Denn das große Meer hatte alles
zugedeckt -

Auch Dein Lachen
und Deine tiefe Freude

Gabriele Jöhren

5.) Tränen, der Balsam der Seele

Trauer und Freude sind Geschwister, sie
leben in uns wie in einem Doppelzimmer.
Diese Erkenntnis begleitet mich seit vielen
Jahren in meiner Arbeit. Und diese Wahrheit zeigt sich in den vielen Begegnungen
mit Menschen, die Trauer erlebt haben.

Menschen, die nicht weinen können laufen Gefahr, gefühlsmäßig zu versteinern.
Sie brauchen sehr viel Kraft, ihre Tränen
und die dahinter stehende Trauer herunter
zu drücken, so dass sie keine Kraft mehr
für die Freude haben.

Und je größer der „See der Trauer" in ihnen wird, wenn neue Trauer zur alten dazu kommt, desto mehr Kraft brauchen sie für die Verdrängung und desto mehr verhärten sie sich.

Deshalb ermutige ich die Menschen immer, ihre Tränen zu weinen und sie zuzulassen, egal, was ihre Umwelt dazu sagen mag. Immer wieder sagen mir die Menschen, dass es ja doch nichts bringt zu weinen, der geliebte Mensch kommt ja doch nicht wieder durch die Heulerei.

Doch ich erzähle ihnen dann vom Sinn der Tränen und das es sehr wohl wichtig ist, die Tränen fließen zu lassen. Wenn die Menschen nicht weinen können, bleiben die Tränen im Körper und „vergiften" ihn von innen.

Ungeweinte Tränen machen buchstäblich krank, auch wenn das nicht sofort offensichtlich ist. Und jeder, der schon einmal von Herzen geweint hat, weiß um die große Erleichterung, die nach einem Tränenfluss folgt.

In einem Trauerseminar (ein Treffen von trauernden Menschen, wo unter Anleitung mit allen Sinnen ein Zugang zur Trauer gesucht wird) erlebte ich Georg, der damals Anfang sechzig war.

Er führte seit 40 Jahren ein Bestattungshaus und so hatte er jeden Tag mit Tod und Trauer und auch mit Trauernden zu tun.

Er wirkte sehr ernst, wie versteinert und irgendwie abwesend, so als wäre er gar nicht wirklich da. Er war sehr zurückhaltend und still, hörte mehr zu als selber etwas zu erzählen und ich hatte das Gefühl, dass er hinter einer dicken Schutzmauer lebt. Selbst sein Lachen wirkte irgendwie eingefroren und steif.

Im Verlauf der zweieinhalb Tage öffnete er sich ein wenig und erzählte von seinem arbeitsreichen Alltag, von den vielen unterbrochenen Nächten, in denen er die Toten abholen musste und von seiner größer werdenden Erschöpfung. Doch was ihn am meisten schmerzte war seine distanzierte Beziehung zu seinem einzigen Sohn.

Dieser Sohn war quasi bei den Großeltern und später im Internat groß geworden. Georg bedauerte sehr, dass er in den Anfangsjahren so viel gearbeitet hatte, um sein Geschäft aufzubauen. Er hatte dadurch die Entwicklung seines Sohnes nicht mit bekommen.

Die Zeit rann ihm durch die Finger, das Kind kannte den Vater kaum und in den wenigen gemeinsame Stunden wusste Georg nicht, was er mit dem Jungen anfangen sollte.

Nachdem er seine großen Schuldgefühle aussprechen konnte, begann er heftig zu weinen und wir ließen ihn in Ruhe ausweinen. Danach blickte er wie ein anderer Mensch in die Runde. Sein Gesicht wirkte offener, gelöster und er war bei uns angekommen als fühlbarer Mensch. Nach dem Weinen war auch sein Lachen freier und heiterer geworden und wir freuten uns über seine neue Lebendigkeit.

Er hatte die Mauer der Versteinerung ein Stück weit eingerissen durch die lange verdrängten Tränen um sein verpasstes Vatersein und diese Erfahrung hat ihm sehr gut getan.

Ich erfuhr später, dass er dann auch mit seinem erwachsenen Sohn über seine Gefühle sprechen konnte und so haben die beiden einen neuen Zugang zueinander gefunden.

6.) Wut gehört zur Trauer

Auch das ist eine Wahrheit, die kaum jemand anerkennt. Es ist gesellschaftlich verpönt, im Trauerfall wütend zu sein, alles hat würdig abzulaufen und man darf zwar ein paar Tränen vergießen, aber offen über die eigene Wut zu sprechen, das traut sich niemand und das würde auch sofort abgelehnt.

Die Botschaft, die auch in manchen Filmen zum Ausdruck kommt, ist eher: „Du musst aufhören, wütend zu sein, weil er gegangen ist." Eine fatale Aufforderung; wenn ich meine Wut wegdrücke, bevor ich ihr einen Ausdruck gegeben habe.

Oft höre ich von Angehörigen, wenn ich das Thema Wut anspreche: „Aber ich kann doch nicht wütend sein, er wollte doch gar nicht sterben."

Natürlich ist das in vielen Fällen auch wahr, aber es ist eben nur eine Seite der Medaille.

Ein nahe stehender Mensch ist gestorben, ob er nun wollte oder nicht, doch die Angehörigen sind durch dieses Ereignis verlassen worden und das ist genauso wahr.

Und wenn ich verlassen werde von einem geliebten Menschen, dann darf ich auch wütend sein, dass ich nun allein bin. Ich darf Wut darüber spüren, dass der Mensch, auf den ich mich jahrelang verlassen habe, nun einfach weg gegangen ist in eine andere Dimension, in der ich ihn nicht mehr erreichen kann.

Und wenn die Wut da ist, was bei plötzlichen Todesfällen (und besonders bei Selbstmorden) so gut wie immer geschieht, darf, ja muss ich sie zulassen und ausdrücken.

Aber wie? Ich kann mein Bett verhauen und herumbrüllen, ich kann etwas an die Wand donnern und schreien und toben, wichtig ist es, die Energie der Wut heraus zu lassen aus meinem Körper, damit sie mich nicht krank macht.

Natürlich sollte man hierbei darauf achten, niemand anders oder sich selbst zu verletzen, aber es ist in jedem Fall ein wichtiger Schritt zur Bewältigung der Trauer.

Das Thema Wut hat in meiner Ausbildung sehr viel Beachtung bekommen. Eine ganze Woche lang haben wir uns mit Klagen und Wüten beschäftigt und uns so unserer verdrängten Wutgefühle angenähert.

Ich erinnere mich noch gut an den Tag, als wir eine lange Wanderung durch einen Wald machten, bis wir zu einem Hügel kamen, auf dem ein großer alter Baum stand.

Jeder aus unserer Gruppe bekam einen dicken Ast in die Hand und es standen zwei Begleiter neben dem Handelnden, die aufpassten, dass er sich nicht selbst verletzt.

Dann durften wir mit dem Ast auf den Baum schlagen und uns an Situationen in unserem Leben erinnern, wo wir besonders wütend gewesen sind.

Auch Schreien und Herumbrüllen war erlaubt und ich werde nie vergessen, wie Carla dort herumgetobt ist und welcher verzweifelte Schrei sich Luft machte, denn sie war als Kind missbraucht worden und konnte dieser schrecklichen Erfahrung endlich einen Ausdruck geben.

Nach diesem für alle recht anstrengenden Tag waren wir sehr erleichtert, denn jeder hatte sich seiner Wut gestellt und jeder hatte auf seine Weise erlebt, wie gut es tut, wenn man sie einmal herauslassen darf.

Danach konnten wir freier und leichter weiter gehen in unserem Leben und ich ermutige Menschen inzwischen immer, ihre Wut willkommen zu heißen und ihr einen angemessenen Ausdruck zu geben.

Die Erfahrung zeigt ja auch, dass Menschen kaum ein Magengeschwür bekommen, wenn sie ihrer Wut sofort Luft machen

(wenn sie sich zum Beispiel über eine ungerechte Behandlung geärgert haben). Doch die Menschen, die ihre Wut immer wieder herunter schlucken, sind oft bei den magenkranken Patienten zu finden.

Wut und Trauer finden wir auch bei Menschen, die durch eine Trennung oder Scheidung verlassen worden sind. Auch hier ist die Wut ein wichtiges Ventil, um diese Gefühle des Verlassenwerdens und der verlorenen Lebenspläne auszudrücken.

Und bei den Dramen, die sich oft bei Scheidungen abspielen, gibt es immer auch eine Menge Wut, doch auch hier wird die Wut oft herunter geschluckt und verdrängt. Zuviel anderes drängt sich in den Vordergrund, der Alltag muss neu geregelt werden und wenn Kinder da sind, muss die Mutter oder der Vater angeblich stark sein.

Trotzdem wohnt die Wut in den Menschen weiter und brodelt im Inneren, wie ein schlummernder Vulkan. Und wenn sie keinen Ausdruck findet, kann sie irgendwann explodieren und sich Bahn brechen. Oder sie richtet im Inneren dauerhafte Schäden an.

Hierzu ein Beispiel aus der Praxis:

Ich habe in Einzelsitzungen einmal mit einer Frau gearbeitet, die ein solches Trennungsdrama erlebt hatte.

Hier gab es viel Theater um die beiden Kinder und das Sorgerecht und darüber hinaus hatte sie durch Zufall versteckte Konten entdeckt, die der Mann in der Ehezeit heimlich angelegt hatte.

Ihre Wut haben wir in einer Sitzung besprochen und ich gab ihr ein Nudelholz und eine Matratze. Eine volle halbe Stunde hat sie auf die Matratze eingedroschen mit einer vehementen Energie. Sie schrie dabei ihre Wut und Enttäuschung heraus und ich machte ihr Mut, nur ja allen Frust auszusprechen.

Danach war sie völlig erschöpft, aber auch mehr im Frieden mit dieser leidigen Geschichte. Ihr Gesichtsausdruck hatte sich sehr verändert, klarer und weicher blickte sie nun in die Welt und die große Erleichterung spürte sie am ganzen Körper. Ja, es war richtig gewesen, ja, sie durfte wütend sein und ja, sie durfte schreien, toben und fluchen.

In der Folgezeit entwickelte sie neue Energien, um ihr Leben zu ordnen, sie hatte mehr Kraft für ihren Alltag und für ihre inzwischen pubertierenden Kinder.

Ein Jahr später lernte sie einen neuen Partner kennen, mit dem sie zusammen gezogen ist. Und auch in ihrer neuen Beziehung achtet sie mehr auf sich und ihre Bedürfnisse. Sie hat gelernt, mehr und besser für sich zu sorgen.

7.) Schuld und Schamgefühle

Viele Menschen sind in ihrer Trauer von Schuld und Schamgefühlen belastet. Sie werfen sich nachträglich vor, nicht genug getan zu haben. Und das sagen dann Menschen, die ihre Angehörigen über Wochen, Monate oder Jahre gepflegt haben.

Immer wieder hadern sie mit der Vergangenheit und sie grübeln immer wieder darüber nach, was sie vielleicht hätten besser machen können.

Dieses Herumgrübeln belastet sehr, denn Erstens ist sicher: Wir können die Zeit nicht zurück drehen.

Und ein Zweites: Wir haben damals so gut gehandelt, wie wir konnten- und besser oder anders ging es damals nicht.

Also tun wir gut daran, wenn wir die Vergangenheit und unser Handeln damals so nehmen, wie es war. Wir haben unser Bestes gegeben, wir haben das getan, was für uns damals möglich war und besser ging es eben nicht.

Und ein Drittes: Wir wissen nicht und wir werden es auch nie erfahren, was passiert wäre, wenn wir damals anders gehandelt hätten. Wenn wir zum Beispiel einen Stau umfahren werden wir nie wissen, wie lange wir gebraucht hätten, wenn wir im Stau geblieben wären.

Wir haben eine Entscheidung getroffen, so oder so zu handeln und wir waren in der Situation der Meinung, dass es in diesem Moment die Richtige war.

Manche Menschen haben ihren Verstorbenen kurz vor dem Tod ins Krankenhaus gebracht und sie werfen sich im Nachhinein vor, dass sie ihn wohl besser zuhause behalten hätten, vielleicht wäre er noch am Leben....Aber sie wissen nicht, ob er nicht auch zuhause gestorben wäre – in diesem Fall würden sie sich wahrscheinlich vorwerfen, dass sie ihn besser ins Krankenhaus gebracht hätten, vielleicht wäre er noch am Leben...

Jeder Mensch hat seine Stunde, für jeden Menschen gibt es einen unwiderruflichen Zeitpunkt der Geburt und auch einen Zeitpunkt des Todes, wenn wir diesen Körper verlassen, der ein Leben lang zu uns gehörte.

Nichts und niemand wird den Zeitpunkt unseres Todes um eine Sekunde vor- oder zurückverlegen. Darum ist es müßig, nach dem Tod eines Menschen darüber zu grübeln, was gewesen wäre wenn... Wir werden es nie wissen. Was wir wissen, ist die momentane Realität, die uns umgibt und wir können immer nur das Beste daraus machen.

Darum ist es wichtig, unsere Trauer nicht noch mit Grübeleien und mit Schuldgefühlen zu belasten, sondern wir müssen lernen, auch uns selbst zu vergeben, wenn wir meinen, dass wir etwas versäumt haben.

8.) Und dann ist er ohne mich gestorben...

Manche Menschen leiden sehr, wenn sie ihren Verstorbenen nicht beim Sterben begleitet haben. Denn sie hatten sich doch vorgenommen, dabei zu sein, wenn er diese Welt verlässt. Und dann passiert es trotzdem, dass er alleine gestorben ist.

Martin erzählte: „Der Anruf kam in der Nacht um zwei, da habe ich geschlafen, nachdem ich den ganzen Tag dort im Krankenhaus an ihrem Bett saß und die Krankenschwester mich nach Hause geschickt hat. „Das dauert noch, " hat sie gesagt, „kommen Sie morgen früh wieder." „Und dann ist Hanna einfach in der Nacht gestorben. Hätte ich das geahnt, ich wäre doch dort geblieben, das kann ich mir nicht verzeihen."

Solche Gedanken und Gefühle haben viele Menschen, die zum Zeitpunkt des Todes nicht da gewesen sind. Aus der Arbeit mit Sterbenden weiß man inzwischen, dass es Menschen gibt, die bewusst oder auch unbewusst alleine sterben wollen.

Eine Vorreiterin auf dem Gebiet der Sterbeforschung war ganz sicher Frau Dr. Elisabeth Kübler-Ross, eine Ärztin, die sich 40 Jahre ihres Lebens an die Sterbebetten gesetzt hat. Sie schrieb viele Bücher über ihre Beobachtungen und sie hat verschiedenen Sterbephasen entdeckt, die jeder Mensch durchläuft.

Aus ihren Beobachtungen geht auch hervor, dass jeder Mensch im Unbewussten weiß, wann seine Stunde da ist. Und dass jeder Mensch auf Seelenebene weiß, wie er sterben will, ob allein oder begleitet von seiner Familie oder von einer neutralen Person.

Wenn wir uns klar machen, dass der schwerste Abschied des Menschen der Abschied vom Leben selbst, also der Tod, ist, wird es verständlicher, dass es Menschen gibt, die diese Welt allein verlassen.

Die begleitenden Angehörigen, die am Sterbebett stehen, wollen ja nicht, dass ihr Kranker stirbt. Sie wollen ihn festhalten, ihn hier behalten, sie klammern an ihm.

Und dann ist es verständlicher Weise noch schwerer für den Sterbenden, loszulassen und zu gehen und damit seine lieben Mitmenschen zu verlassen.

Darüber hinaus muss der Sterbende zu seinem eigenen Abschied auch noch die Tränen und den Kummer seiner Angehörigen ertragen und das macht es ihm auch noch schwerer, das Leben loszulassen.

Es kann auch ein Motiv sein, dass der Sterbende immer der Beschützer der Familie war und dass er seine Kinder vor dem Moment des endgültigen Abschieds beschützen will. Dann ist sein „alleine sterben" ein letztes Abschiedsgeschenk an seine Lieben und er hat sie, so wie immer im Leben, auch vor der Erfahrung beschützt, ihn sterben zu sehen.

Auch die Menschen, die immer sehr selbst bestimmt gelebt haben, die Macher, die Organisierenden, die immer alles im Leben allein geregelt haben, sterben alleine, denn sie sind ihr Leben lang ihren Weg ohne fremde Hilfe gegangen.

Insofern ist es immer richtig, wie jemand stirbt. Wenn er allein gegangen ist, dann war das seine eigene Art, Abschied vom Leben zu nehmen.

Und das passt zu der Art, wie er gelebt hat. In den weit über 1700 Lebensgeschichten, die ich aufgeschrieben habe, stellte ich immer wieder fest, dass der Abschied eines Menschen immer zu der Wesensart passt, die dieser Mensch gelebt hat.

Ich bin inzwischen überzeugt davon, dass die Art des Abschieds eines Menschen kein Zufall ist, denn wenn man die Lebensgeschichte kennt, findet man immer ein Motiv für die Art und Weise, wie sich genau dieser Mensch vom Leben verabschiedet hat.

Für die Angehörigen gilt es, diesen Abschied so wie er war zu bejahen und anzunehmen, denn niemand kann das Rad der Zeit zurückdrehen.

Es gibt aber auch Beispiele, dass ein Sterbender so schwer krank ist, dass sich die Ärzte wundern, warum er immer noch lebt, denn nach medizinischen Gesichtspunkten müsste er schon längst gestorben sein.

Er bleibt aber noch am Leben, so als ob er extra wartet, bis seine Frau oder die Kinder noch kommen und kaum sind sie da, macht er für immer die Augen zu, voller Erleichterung, dass er seine Lieben noch einmal gesehen hat.

Das ist eine andere Art, Abschied zu nehmen und sie ist genauso in Ordnung wie die erste beschriebene des Alleinsterbens. Wir können die Realität und vor allem die Vergangenheit nicht mehr ändern.

Wir haben in den Situationen unseres Lebens so gehandelt, wie es in diesem Moment für uns richtig war und keine Macht der Welt bringt uns einen vergangenen Augenblick zurück.

Deshalb tun wir gut daran, das, was sich ereignet hat, so zu akzeptieren wie es ist, denn es ist nicht mehr zu ändern. Es ist hilfreich zu glauben, dass alles im Leben seinen tiefen Sinn hat, der sich oft erst in der Rückschau erschließt.

In meiner Arbeit habe ich erkannt, dass das Leben eben kein „zufälliges Geschehen" ist.

Alles im Leben hat seine Geschichte und seine innere Logik, die wir aber meistens nicht auf den ersten Blick erkennen können. Der Abschied eines Menschen passt also immer zu seinem Leben.

Auch aus der Erfahrung von Hospizmitarbeitern (Hospize sind spezielle Häuser für schwerstkranke und sterbende Menschen) weiß ich, dass manche Menschen das Leben nicht loslassen können, wenn ihre Angehörigen rund um die Uhr an ihrem Bett sitzen.

Darum schicken Hospizmitarbeiter die Angehörigen schon mal aus dem Raum, damit der Sterbende seinen Weg aus dem Leben finden kann.

9.) Über das Nein zum Abschied

Das größte Leid, das Menschen in der Trauer erleben, kommt durch ihr Hadern mit dem, was passiert ist. Sie sagen innerlich „Nein, er soll nicht tot sein, er soll wieder kommen. Ich ertrage das nicht, dass er weg ist."

In der ersten Phase des Trauerprozesses ist diese Reaktion auch normal und verständlich. Besonders bei plötzlichen Todesfällen kann die Phase der Verdrängung lange dauern, denn die Seele hat einen Schutzmechanismus.

Wir müssen schreckliche Ereignisse ganz oder teilweise ausblenden, denn die Wucht der Trauer kann so stark sein, dass wir durch den Schock des schlimmen Erlebens selber sterben würden.

Aber es ist bedenklich und ein Zeichen sehr erschwerter Trauer, wenn Menschen nach langer Zeit immer noch am Nein zum Geschehen festhalten. Hierzu ein Beispiel:

Hannelore kam in mein Trauercafé, sie war 62 Jahre alt und hatte vor 20 Jahren ihre Tochter verloren. Ihr Kind war damals 15 Jahre alt gewesen und durch einen Unfall ums Leben gekommen. Und Hannelore war noch immer im Nein zu diesem Abschied gefangen.

Sie lebte in einem großen Einfamilienhaus und dort hatte sie das Zimmer ihrer Tochter noch genauso gehütet, wie es am Tag des Todes gewesen war.

Sie konnte und wollte nicht loslassen und sie wollte die Realität nicht sehen. Sie hoffte Tag um Tag, dass das Sterben ihres Kindes nur ein böser Traum war, aus dem sie bald erwachen würde.

Und wenn ihre Tochter dann wieder käme, könnte sie ja wieder in ihrem Zimmer wohnen. Auch nach 20 Jahren war Hannelore noch im Nein zum Geschehen gefangen und sie wollte auch nicht loslassen.

Auch darum kam sie nicht aus ihrer Isolation, denn sie lebte sehr zurückgezogen und sie war überzeugt, dass niemand ihr großes Leid auch nur ansatzweise nachvollziehen kann.

Fatal daran ist, dass solche Nein- Zustände das eigene Leben verhindern, sie zementieren die Trauer im Menschen und sie halten fest an einer unmöglichen Hoffnung.

Sicher ist der Tod eines Kindes besonders schwer zu verarbeiten, denn der normale Weg des Lebens ist ja der, dass zuerst die Großeltern, dann die Eltern und irgendwann die dann erwachsenen Kinder sterben.

Der Tod eines Kindes fühlt sich immer falsch herum an, aber auch hier gilt es, irgendwann die Realität zu akzeptieren und einen Ausdruck für die Verlustgefühle zu finden.

Bei erschwerter Trauer um ein verlorenes Kind sollten sich die Eltern Hilfe durch eine guten Therapeuten und/oder einen Trauerbegleiter suchen, der ihnen hilft, das Schreckliche zu begreifen und es mit der Zeit zu bewältigen. In jedem Fall werden Aussprachen und Übungen zum Ausdruck der Trauer weiterhelfen.

10.)   Das Ja zum Abschied finden

Wenn es gelingt, die Realität des Abschieds anzunehmen und irgendwann zu sagen: „Ja, es ist in Ordnung, dein Weg war zu Ende und meiner ist es noch nicht. Ich lasse dich jetzt los und wünsche dir deinen Frieden", wenn das gelingt, ist ein Meilenstein in der Trauerbewältigung getan.

Das „Nein" zum Abschied ist natürlich bei plötzlichen Todesfällen viel stärker als bei langsam Sterbenden. Wenn man einen schwer kranken oder alten, gebrechlichen Menschen lange gepflegt hat, kommt der Gedanke der Erlösung zum Tragen, man hat gesehen, dass der Mensch keine Kraft mehr hatte und man sieht ein, dass er so nicht mehr weiter leben konnte.

Je nach Intensität der Beziehung ist auch ein solcher Abschied schwer, aber er ist verständlicher, logischer als ein plötzlicher Herzinfarkt oder ein Unfall. Bei diesen Todesfällen fehlt die Vorbereitung auf den Abschied, ein Mensch wird aus dem Leben gerissen und ist plötzlich nicht mehr da.

Das reißt eine tiefe Lücke in das Leben der Hinterbliebenen, es ist zunächst unfassbar, unbegreiflich, ja unwirklich und es braucht viel Zeit, um das Schreckliche zu begreifen und zu verarbeiten. Die Menschen erleben sich wie in einem Alptraum und hoffen, dass der Verlust nicht wahr ist.

Und so erleben Menschen einen plötzlichen Todesfall oft als ein Ereignis, das ja gar nicht sein kann.

Sie können und wollen nicht glauben, was da geschehen ist und sie hoffen, dass der Verstorbene gleich wieder um die Ecke kommt, dass sie aufwachen aus dem bösen Traum und dass dieser Tod nur ein Irrtum ist.

Mir ging das auch so, als meine Schulfreundin Susi mit sechzehn Jahren durch einen Autounfall ums Leben kam. Jeden Morgen erwartete ich, dass jetzt gleich die Tür aufgeht und Susi an ihren Platz geht, so wie immer.

Es konnte, es durfte doch nicht sein, dass wir sie nie wieder sehen würden. Und es brauchte viele Monate, bis mir klar wurde, dass sie wirklich nie wieder kommen wird. Ich ging damals wie in einem Nebel durch den Alltag, alles erschien mir unwirklich und banal, wie konnte die Welt sich einfach weiterdrehen ohne Susi?

Aber sie drehte sich und auch mein Leben schritt jeden Tag voran, bis ich mein Abitur machte und die Schule verließ. Danach (also 3 Jahre nach Susis Tod) hatte ich endlich Abstand gefunden und konnte mein Leben neu gestalten.

Doch die Bewältigung dieser Trauer ist mir erst Jahre später durch ein Trauerseminar gelungen, als ich endlich die Tränen weinen konnte, die ich so lange zurückgehalten hatte.

11.) Besonders erschwerte Trauer: Die Vermissten

In meiner Arbeit habe ich viele Menschen verabschiedet, die den Zweiten Weltkrieg miterlebt haben. Und in einigen Familien wurden Väter, Brüder oder Ehemänner als vermisst gemeldet.

Diese Erfahrung wiegt sehr schwer für die Hinterbliebenen. Denn es gibt keinen Beweis für den Tod des Vermissten, es gibt keine Möglichkeit, am Totenbett Abschied zu nehmen. Und es ist auch nicht machbar, eine Trauerfeier zu gestalten. Es gibt keine Grabstelle und keinen richtigen Ort der Erinnerung, der für viele Menschen ja sehr wichtig ist.

Besonders die Ungewissheit, ob der Vermisste wirklich verstorben ist, zermürbt die Angehörigen sehr.

Oft noch Jahre und Jahrzehnte später hegen sie die Hoffnung, dass der Vermisste doch noch leben könnte, was sich aber nur in den wenigsten Ausnahmefällen bewahrheitet hat.

Die schwerste Geschichte dieser Art erlebte ich, als ich die 95 jährige Emma verabschieden sollte. Sie hatte 1932 ihren Karl geheiratet und sich bestens mit ihm verstanden. 1939 wurde er sofort eingezogen und er wurde 1944 als vermisst gemeldet.

Das Deutsche Rote Kreuz hatte Emma mitgeteilt, dass Karl mit sehr großer Wahrscheinlichkeit bei einer Schlacht in den Niederlanden umgekommen ist. Doch Emma hat ihren Mann nie für tot erklären lassen.

Sie wartete 65 Jahre lang auf ihren Mann und blieb solange in der spartanischen Dachwohnung im vierten Stock, ohne Aufzug, ohne richtiges Badezimmer, mit einem Spülstein, einer Toilette und einem kleinen Waschbecken. Sie behielt auch die gleiche Einrichtung wie dazumal, damit ihr Karl wieder nach Hause finden könnte, wenn er kommt. Doch er kam nie und sie blieb für immer allein.

65 Jahre unerfüllte Hoffnung und eine Trauer, die nie endet, weil Emma sich weigerte, die Mitteilung des Deutschen Roten Kreuzes zu glauben. Und damit nahm sie sich auch die Möglichkeit, sich einem neuen, eigenen Leben ohne Karl zuzuwenden.

12.) Hilfreiche Rituale nach dem Tod

Die alten Kulturen und auch andere Religionen wissen noch um die Wichtigkeit des Abschiednehmens. Nur der moderne Mensch hat es vergessen, dass wir eben nicht einfach zur Tagesordnung übergehen können, wenn ein Mensch aus unserer Mitte gestorben ist.

Beispiel: Judentum

Die Juden gehen sehr ehrfürchtig mit ihren Verstorbenen um und es ist für sie eine hohe Ehre, einen Verstorbenen zu verabschieden. Sie haben eine eigene Gruppe von Menschen, die so genannte Beerdigungsbruderschaft, die sich um einen verstorbenen Juden kümmert. Auch die Angehörigen dürfen dabei helfen, den Toten zu versorgen.

Der Leichnam darf nämlich nur von Juden berührt werden, hier trifft die Beerdigungsbruderschaft alle nötigen vorgeschriebenen Vorkehrungen. Rituelle Waschungen müssen erfolgen und auch das Ankleiden des Toten wird von ihnen selbst ausgeführt. Ebenso wird die Einsargung von den Juden vorgenommen und Erde vom Heiligen Land (Israel) wird beigegeben

Nach der schlicht gehaltenen Beerdigung auf den immer währenden Friedhöfen nimmt sich die Familie eine Woche Zeit, um Schiwa zu halten. Nach der Beerdigung fahren die Trauernden zum Haus des Verstorbenen, um dort "Schiwa" zu sitzen. "Schiwa" bedeutet sieben und bezeichnet die siebentägige Trauerperiode, die dem Begräbnis folgt.

Trauernde sollen an diesen Tagen zu Hause bleiben und keine Arbeit verrichten. Man sitzt auf niedrigen Schemeln, trägt keine ledernen Schuhe und verzichtet auf Baden, Rasieren, Schminken, Haarschneiden und Geschlechtsverkehr.

Es dürfen nur Klagetexte aus dem Alten Testament wie Hiob, die Klagelieder und Teile aus Jeremia gelesen werden.

In dieser Zeit versorgen Freunde die trauende Familie mit Essen und Trinken und man tauscht sich eine Woche lang über das Leben des Verstorbenen aus und man trauert auf diese Weise gemeinsam.

In dieser Woche haben die Juden Zeit, ihrer Trauer einen Ausdruck zu verleihen und in einer Gemeinschaft fällt Trauer leichter als einsam im stillen Kämmerlein.

Beispiel Islam:

Auch im Islam gibt es wie bei den Juden eine eigene Bruderschaft, die sich nach dem Tod eines Moslems um die Versorgung des Toten kümmert. Auch hier dürfen nur Moslems den Verstorbenen berühren und es ist auch für die Moslems eine hohe Ehre, sich um einen Toten zu kümmern.

Es gibt im Islam ebenfalls feste Rituale und Vorschriften, was beim Tod eines Moslems zu tun ist, rituelle Waschungen und das Ankleiden sind Tätigkeiten, die nur von Moslems ausgeführt werden.

Und es ist auch für Muslime wichtig, sich Zeit zu nehmen und sich in Ruhe von ihren Verstorbenen zu verabschieden.

Beispiel Griechenland:

Auch in den Dörfern Griechenlands gibt es hilfreiche Bräuche in der Trauer. Das ganze Dorf trifft sich nach der Beerdigung eines Dorfmitglieds im Haus des Verstorbenen. Diese Zusammenkünfte finden in regelmäßigen Abständen statt und enden dann nach zwei Jahren mit einem großen Fest, das die Trauerzeit um diesen Menschen beendet.

Während der Zusammenkünfte nimmt sich die Gemeinschaft Raum, um alle Gefühle auszudrücken, die mit dem Verstorbenen und mit der Trauer in Verbindung stehen. Es wird geklagt, dass er nun tot ist, es werden Geschichten aus seinem Leben erzählt, man lacht und weint zusammen.

Doch auch für die Wut des Verlassen-Seins ist Platz, für die Schuldgefühle, wenn jemand ein Versprechen nicht mehr einlösen konnte und für Dankbarkeit, dass der Verstorbene hilfreich für diese Gemeinschaft war.

Nach zwei Jahren hatten alle Gefühle ihren Ausdruck, denn die Griechen trauen sich, alles anzusprechen, was zu diesem Menschen gehörte. Das große Fest am Ende der zwei Jahre beendet den Trauerzyklus.

Viele alten Rituale und Bräuche, die früher selbstverständlich zu Tod und Abschied gehörten, sind in unserer westlichen Welt leider verloren gegangen. Dabei können wir mit Ritualen hilfreiche Formen finden, die uns den Weg durch die Trauer weisen.

13.) Rituale im Christentum

Das Christentum kennt einige Rituale und Gebräuche, die zum Abschied eines Menschen gehören. In der Sterbephase kennt die katholische Kirche das Sakrament der Krankensalbung, früher wurde es „letzte Ölung" genannt. Es will den Menschen in einer lebensbedrohlichen Situation in Gottes Hand legen und durch eine Salbung mit kostbarem Öl und einigen Gebeten wird um Kraft und Stärke für das Kommende gebeten.

Spendung der Krankensalbung

Quelle: www.pfarrbriefservice.de

„Spendung der Krankensalbung

Für viele ist die Spendung der Krankensalbung mit der Erfahrung verbunden, dass dieses heilige Zeichen früher nur bei akuter Todesnähe als Sterbesakrament gespendet wurde. Das Wort von der „Letzten Ölung", ohne die ein Sterbender vielleicht nicht in den Himmel kommt, hat vielen Kranken unerträgliche Angst gemacht. Die „Letzte Ölung" in diesem Sinne gibt es nicht mehr.

Die Krankensalbung ist somit nicht nur, wie dies beinahe 1200 Jahre lang die übliche Praxis war, den Sterbenden vorbehalten. Seit den 60er Jahren wird es als „Krankensalbung" gespendet - zur seelischen und geistigen Stärkung schwer erkrankter Menschen.

Die Krankensalbung ist ein Versprechen Gottes an den Menschen:

„Ich bin dir nahe, dir ist das Heil, das ewige Leben geschenkt!" Selbst in den urchristlichen Gemeinden hieß es schon: „Wenn einer von euch krank ist, rufe er die Gemeindevorsteher zu sich. Sie sollen für ihn beten und ihn im Namen Gottes mit Öl salben. Das gemeinsame Gebet wird den Kranken aufrichten." (Jakobusbrief 5,14)

Wie geschieht eine Krankensalbung?

Der Ritus der Krankensalbung ist eingebettet in einen kleinen Wortgottesdienst, in dessen Mittelpunkt Schrifttexte und Gebete stehen, die die Zuwendung Jesu zu den Kranken thematisieren. Das, was die diese Texte zum Ausdruck bringen, verdichtet sich in einer schlichten aber eindrucksvollen Symbolhandlung:

Zunächst werden dem Kranken schweigend die Hände aufgelegt; dies ist Zeichen der bergenden Nähe Gottes.

Anschließend wird die Stirn des Kranken mit Öl gesalbt, danach die Innenflächen der beiden Hände, wobei die Stirn stellvertretend für die Seele des Menschen und die Hände stellvertretend für den Leib stehen. Das Öl ist ob seiner Kostbarkeit ein Zeichen für Gott bzw. Jesus Christus selber.

Zur Zeit Jesu wurde Öl auch als Heilmittel für die verschiedensten Krankheiten verwendet. Die Salbung an Stirn und Händen wird somit zu einem aussagekräftigen Symbol für die Heilung an Leib und Seele durch Jesus Christus. So spricht der Priester bei der Salbung von Hände und Stirn folgende Worte:

„Durch diese heilige Salbung helfe dir der Herr in seinem reichen Erbarmen, er stehe dir bei mit der Kraft des Heiligen Geistes.

Der Herr, der dich von Sünden befreit, rette dich, in seiner Gnade richte er dich auf. Amen"

Spendung der Krankensalbung

Die Angehörigen beten mit dem Priester für den Kranken. Als Stärkung in schweren Lebenssituationen kann die Krankensalbung auch mehrmals gespendet werden. Sie ist auch möglich vor einer Operation mit ungewissem Ausgang und ebenso bei psychischen Erkrankungen. In diesem Sakrament verdichtet sich die Zuwendung Jesu Christi zu den Kranken, wie er sie praktiziert hat:

Jesus hat den Kranken die Hände aufgelegt, er hat sie liebevoll berührt, er hat sie aufgerichtet. Jesus hat seinen Jüngern den Auftrag gegeben, die Kranken mit Öl zu salben, damit sie Stärkung erfahren an Leib und Seele.

Durch die Spendung der Krankensalbung wird demjenigen/derjenigen, dessen/deren Leben durch eine Krankheit – welcher Natur sie auch sein mag – existentiell bedroht ist, die zärtliche und mitfühlende Nähe Gottes zugesagt. Gott ist mit dem Menschen auf dem Weg, wohin dieser auch führen mag – sei es aus dieser Welt hinaus oder wieder zurück in den Alltag.

Eine Krankensalbung sollte man immer frühzeitig vereinbaren

Die Kirche legt mit Recht Wert darauf, dass die Kranken die Krankensalbung willentlich und bei vollem Bewusstsein empfangen.

Deswegen ist es ratsam, schon beizeiten nach einem Priester zu verlangen, der zu einem für den Kranken und dessen Angehörigen passenden Zeitpunkt dieses Sakrament körperlicher, seelischer und geistlicher Stärkung spenden kann."

Nach dem Tod gibt es den Brauch der Aussegnung, der im Anschluss beschrieben wird.

Die Aussegnung

In den christlichen Kirchen wird die Aussegnung des Verstorbenen praktiziert. Das Ritual erfolgt entweder im Sterbehaus oder bei einem speziellen Aussegnungsgottesdienst. Dieser „Abschiedssegen" ist die erste Verabschiedung vom Verstorbenen, der später die Trauerfeier folgen wird.

In christlichen Familien kann ein Geistlicher gerufen werden, wenn ein Mensch verstorben ist. Zusammen mit ihm wird dann eine kurze Andacht gestaltet. Dazu wird eine Kerze angezündet. Die Kerze steht in der christlichen Liturgie als Symbol für den auferstandenen Christus, der durch seine Auferstehung das Dunkel des Todes mit dem Licht der Liebe Gottes besiegt hat.

Zur Andacht gehört:

Eine Lesung aus der Bibel,
der Abschiedssegen für den
Verstorbenen,
das gemeinsame Vaterunser und
ein abschließender Segen für den
Verstorbenen und seine Familie.

Beispiel für eine Aussegnung:

Liebe Familie ....,

in dieser Stunde sind wir hier zusammen gekommen, um unserem Verstorbenen .... Gottes Segen mit auf den Weg zu geben. Durch den Bund der Taufe gehörte .... zur christlichen Gemeinschaft.

Daher wollen wir den dreifaltigen Gott bitten, dass er das Werk des Glaubens nun an ihm vollende.

So spricht der Herr, der dich geschaffen hat, ...

Fürchte dich nicht, denn ich habe dich ausgelöst, ich habe dich beim Namen gerufen, du gehörst mir.

Wenn du durchs Wasser schreitest, bin ich bei dir, wenn durch Ströme, dann reißen sie dich nicht fort. Wenn du durchs Feuer gehst, wirst du nicht versengt, keine Flamme wird dich verbrennen.

Denn ich, der Herr, bin dein Gott, ich, der Heilige Israels, bin dein Retter.....

Weil du in meinen Augen teuer und wertvoll bist und weil ich dich liebe, gebe ich für dich ganze Länder und für dein Leben ganze Völker.

Fürchte dich nicht, denn ich bin mit dir. (Jes 43,1-4)

Nimm nun diesen Segen für deinen Weg in Gottes Ewigkeit:

Es segne dich Gott, der Vater,

der dich nach seinem Bild geschaffen hat.

Es segne dich Gott, der Sohn,

der dich durch sein Leiden und Sterben erlöst hat.

Es segne dich Gott, der Heilige Geist,

der dich zum Glauben gerufen und geheiligt hat.

Gott, der Vater und der Sohn und der Heilige Geist

geleite dich durch das Dunkel des Todes.

Er sei dir gnädig im Gericht

und gebe dir Frieden und ewiges Leben. Amen."

(aus: Gottesdienstbuch Bestattung)

Wir wollen gemeinsam das Vaterunser für ihn beten:

Vater unser im Himmel

Geheiligt werde dein Name

Dein Reich komme

Dein Wille geschehe

Wie im Himmel so auf Erden

Unser tägliches Brot gib uns heute

Und vergib uns unsere Schuld

Wie auch wir vergeben unsern Schuldigern

Und führe uns nicht in Versuchung

Sondern erlöse uns von dem Bösen

Denn dein ist das Reich und die Kraft und die Herrlichkeit

In Ewigkeit. Amen

Guter Gott, nun liegt der Mensch leblos vor uns, den wir so lieb haben. Wir hoffen zu dir, dass du ihn bergen wirst. Denn Christus ist von den Toten auferstanden.

Wir danken dir für alles Gute, das wir mit ihm/ihr erfahren haben. Wir bitten dich: Hilf uns in unserer Not, dass wir wissen: du meinst es gut mit dem, den du gerufen hast für immer.

Denn du bist barmherzig. Du meinst es gut mit uns, auch im Schmerz des Abschieds, denn du willst das Leben. Amen

(aus: Internet: VELKD Vereinigte evangelisch-lutherische Kirche Deutschlands)

Nun werden die Angehörigen gesegnet.

Der Herr segne und behüte dich. Er zeige dir sein Angesicht und erbarme sich deiner. Er wende dir sein Antlitz zu und schenke dir den Frieden. Der Herr segne dich. Der Herr gebe dir den Frieden!

(Segensgebet des hl. Franziskus für Bruder Leo)

14.) Die Aufbahrung

Es war bis vor zwei bis drei Generationen noch selbstverständlich, dass ein Verstorbener zuhause aufgebahrt wurde und noch bis zu drei Tagen in der Wohnung blieb.

Die Angehörigen haben sich darum gekümmert, dass der Verstorbene gewaschen und gekleidet wurde und der Schreiner, der früher immer auch der Bestatter des Ortes war, kam nach drei Tagen, um den Toten einzusargen und ihn dann mit dem Fuhrwerk zur Kirche zu fahren.

Drei Tage blieb also der Verstorbene noch zuhause und wurde selbstverständlich von der Familie umsorgt, zu der er immer noch gehörte.

Die Familie empfand es als völlig normal, sich in Ruhe vom Verstorbenen zu verabschieden. So lernten schon die kleinen Kinder, was Tod bedeutet, denn sie erlebten den Tod als etwas normales, das zum Leben dazu gehört.

Sie konnten am Totenbett vorbeigehen und den verstorbenen Großvater berühren, sie spürten dann, dass er ganz kalt war, dass er nichts mehr sagte, dass er sich veränderte und sie stellten fest, wie ein verstorbener Mensch aussieht.

Die Nachbarschaft oder die Dorfgemeinschaft kam vorbei, um Abschied zu nehmen. Man aß und trank am Totenbett, auch die Totenwache war üblich, denn man nahm sich Zeit für den Abschied.

Hier wurde etwas sehr wichtiges berücksichtigt: Der Tod eines Menschen muss von den Hinterbliebenen buchstäblich begriffen werden, und zwar mit allen Sinnen. Zu plötzlich geschieht der Tod, egal ob lange krank oder schnell verstorben, der Tod kommt immer unerwartet und wenn jemand gestorben ist, verändert sich mit einem Schlag das ganze Leben der Menschen, die hier bleiben.

Heute wissen die Menschen gar nicht mehr, dass es laut Gesetz immer noch möglich ist, den Verstorbenen, sofern er denn zuhause gestorben ist, auch noch bis zu 36 Stunden nach Eintritt des Todes zuhause zu behalten.

Viele Menschen wissen nicht, dass gar keine Eile besteht, den Toten so schnell wie möglich abzuholen. Stattdessen erleben die Bestatter oft aufgelöste Menschen, die wie in Panik anrufen, dass sie möglichst sofort kommen sollen, um die Familie von einer Leiche zu befreien.

Es ist schlimm, dass ein Mensch, der jahrzehntelang zur Familie gehörte, nach seinem Tod wie ein lästiger Fremdkörper empfunden wird, nur weil wir nicht mehr gelernt haben, wie wichtig es ist, in Ruhe Abschied zu nehmen.

In den Hospizen (Einrichtungen, in denen schwerkranke Menschen ihre letzten Lebenswochen verbringen können und in denen man sich sehr liebevoll und aufmerksam um die Sterbenden kümmert) ist es üblich, dass den Familien nach dem Tod ihrer Angehörigen viel Zeit zum Abschied nehmen eingeräumt wird: Erst nach 36 Stunden muss der Bestatter kommen, um den Verstorbenen abzuholen.

Auch viele Seniorenheime und manche Krankenhäuser geben den Familien wenigstens einen Tag Zeit, um sich von ihren Verstorbenen zu verabschieden.

Wenn das aber nicht möglich ist, sollten die Angehörigen über eine Aufbahrung nachdenken. Das ist bei vielen Bestattern möglich (sofern sie die Räumlichkeiten haben), andernfalls wird von ihnen die Aufbahrung auf dem Friedhof, wo es in der Regel solche Räume gibt, organisiert.

Der Bestatter Bernd-Peter Bertram schreibt in seinem Ratgeber Hausaufbahrung:

„Das Berühren, aber auch schon das bloße Betrachten des Verstorbenen, sind die einzigen Möglichkeiten, sich bewusst vom Verstorbenen zu verabschieden."

Wenn ich mir Zeit nehme, am Totenbett Abschied zu nehmen, kann ich sehen, dass der Verstorbene nicht mehr atmet. Ich kann fühlen, dass seine Körperwärme weg ist, ich kann ihn nicht mehr reden hören, ich sehe, dass sich seine Gesichtsfarbe verändert, ich kann wahrnehmen, dass er anders riecht als vorher.

Die meisten Toten sehen nach dem letzten Atemzug schöner aus als vorher, denn die Anspannung von Schmerzen ist verschwunden.

Oft findet sich ein erlöster Ausdruck oder gar ein kleines Lächeln in ihren Gesichtszügen.

Insofern ist es nicht nötig, sich vor diesem Anblick zu fürchten. Eher die Gerüchte um das schreckliche Aussehen von Toten machen uns Angst als die schlichte Wirklichkeit.

Da ist ein Mensch gestorben, sein Körper hat aufgehört zu funktionieren, sein Lebensatem ist erloschen, aber es ist immer noch die körperliche Hülle eines Menschen, den wir vielleicht jahrzehntelang kannten.

Viele Menschen, die in Ruhe von ihrem Toten Abschied genommen haben, berichten, dass diese Erfahrung sehr wichtig war, denn sie haben buchstäblich begriffen, dass der Mensch, den sie kannten, nun nicht mehr lebt.

Und damit haben sie schon einen großen Schritt in der Bewältigung ihrer Trauer getan, denn sie wissen mit allen Sinnen, dass der Mensch wirklich gestorben ist.

Besonders bei plötzlichen Todesfällen wie Herzinfarkten oder Unfällen und auch bei dramatischen Todesfällen wie Suizid oder gewaltsamen Ursachen ist es für die Angehörigen oft von elementarer Bedeutung, dass sie diese letzte Möglichkeit wahrnehmen, ihren Verstorbenen noch einmal zu sehen und Abschied zu nehmen – und dadurch buchstäblich zu begreifen:

Ja, er ist wirklich gestorben. Das ist die körperliche Hülle des Menschen, der zur Familie gehörte und der uns nun verlassen hat.

Ich habe auch schon einige Menschen dabei begleitet, von ihrem Verstorbenen Abschied zu nehmen, wenn sie alleine große Angst davor hatten. Besonders bei plötzlichen Todesursachen erkläre ich den Menschen die Wichtigkeit dieses Abschiednehmens.

Und ich habe bisher immer erlebt, dass es den Menschen gut getan hat, am Totenbett mit allen Sinnen zu begreifen, dass da ein vertrauter Mensch wirklich gestorben ist.

Beispiel Annette:

Annettes Ehemann Günter starb in ihrer Küche am plötzlichen Herztod, er lag mit verdrehten Gliedmaßen dort und Annette erzählte mir im Trauergespräch am nächsten Tag, dass sie dieses schreckliche Bild immer vor Augen habe.

Die eilig herbei gerufenen Rettungssanitäter versuchten, ihn wiederzubeleben, doch es war zu spät. Sie konnten nur noch den Tod feststellen.

Ich erklärte Annette, dass es für sie sehr wichtig ist, sich noch einmal in Ruhe von ihm zu verabschieden. Es würde ihr gut tun, wenn sie ihren Günter friedlich in seinem Sarg sehen würde und sie könnte sich dort Zeit lassen, ihm Auf Wiedersehen zu sagen.

Der Bestatter erklärte auf meine Anfrage, dass der verstorbene Ehemann auch recht gut aussehe und dass sein Anblick keinen Anlass zum Fürchten bietet. Also fuhr ich mit Annette zum Bestatter und ging zuerst zum Verstorbenen, um mich davon zu überzeugen.

Danach ging Annette an den Sarg ihres Mannes und sie fand einen friedlichen, ja fast lächelnden Ausdruck auf seinem Gesicht. Natürlich sah er bleich und ein wenig wächsern aus, aber seine entspannten Züge und seine normale Haltung im Sarg haben Annette sehr beruhigt.

Sie blieb dann einige Stunden bei ihrem Mann und sie konnte ihm noch ein Foto von ihrem Hund und ein kleines Kuscheltier mitgeben. Und sie redete sich noch vieles von der Seele, was ihr in diesen Stunden wichtig war. Nach diesem Erlebnis ging es ihr wesentlich besser, denn sie nahm nun ein friedliches Bild mit und nicht mehr diesen dramatischen Anblick aus ihrer Küche, der sie vorher so sehr belastet hatte.

Die Menschen in unserer Gesellschaft wissen nicht mehr, wie wichtig es ist, sich Zeit zu nehmen, wenn ein Mensch aus ihrer Mitte gestorben ist. Aber wir können es wieder lernen.

15.)   Die Abschiedsfeier

Eines ist sicher: Stumme Trauerfeiern trösten nicht. Egal, ob Sie sich für eine traditionelle Trauerfeier mit einem Geistlichen entscheiden oder ob Sie die Dienste eines freien Trauerredners in Anspruch nehmen: Die Menschen brauchen eine Abschiedsfeier.

Es ist wichtig, sich in einer Gemeinschaft mit anderen zusammen vom Verstorbenen zu verabschieden. Der Zuspruch der anderen Menschen tut den Trauernden gut, sie fühlen sich gesehen und wahrgenommen in ihrer Trauer. Viele wissen erst nach der Trauerfeier, wie beliebt der Verstorbene war und wie vielen Menschen er etwas bedeutet hat.

Auch die tröstenden Worte eines Geistlichen, die christlichen Rituale und das Wissen um die Auferstehung und das ewige Leben können den Menschen Trost und Hoffnung geben.

Die meisten Menschen wünschen sich eine persönlich gestaltete Abschiedsfeier.

Leider werden manche Geistliche diesem Wunsch nicht gerecht und dann sind viele Menschen sehr enttäuscht. Sprechen Sie offen mit den Pfarrern, ob der Verstorbene auch persönlich erwähnt wird und ob in der Ansprache das Leben thematisiert wird.

Wenn der Pfarrer das nicht leisten kann, gibt es vor der Feier immer noch die Möglichkeit, selbst eine Rede zu schreiben oder eben einen Trauerredner zu bitten, eine Biografie zu verfassen. Ich selbst habe auch schon öfter eine Trauerfeier mit einem Pastor zusammen gestaltet und auch diese Form hat den Menschen sehr gut getan.

Wenn der Verstorbene keiner Kirche angehört, sind Trauerredner gefragt, die dann eine Abschiedsfeier gestalten. Informieren Sie sich, wer da in Ihrer Gegend einen guten Ruf hat, denn nicht alle Redner gehen persönlich auf die Biografie des Toten ein.

Auch eine frei gestaltete Feier muss nicht unchristlich ablaufen, hier sind immer die Wünsche der Familie maßgebend und wir dürfen immer beten, auch wenn der Verstorbene selbst keiner Kirche mehr angehörte.

Viele Gründe führen ja zu Kirchenaustritten und meine Erfahrung hat mir gezeigt, dass die meisten Menschen auch dann noch an Gott glauben, wenn sie der kirchlichen Gemeinschaft den Rücken gekehrt haben.

Dieser Tatsache trage ich in meinen Feiern gerne Rechnung. Daher bete ich mit den Menschen, wenn Sie es wünschen. In jedem Fall hilft eine gut gestaltete Trauerfeier den Menschen, sich bewusst zu erinnern und sich dann bewusst zu verabschieden.

16.) Der endgültige Abschied: Die Grablegung

Besonders die Grablegung sollte von einem Geistlichen oder einem Trauerredner belgeitet werden, denn sie ist ja der eigentliche Abschied, weil der Tote dann wirklich von und geht und in die Erde gelegt wird. Hier sind tröstende Worte besonders wichtig. Es ist schade, dass manche Pastoren hier keine Zeit finden, die Menschen auch am Grab zu begleiten.

Heute werden ja viele Trauerfeiern am Sarg gehalten, dann erfolgt eine Einäscherung und ein paar Tage später kommt dann die Grablegung der Urne. Ich bin der Meinung, dass auch dieser letzte Weg vom Pfarrer oder einem Redner begleitet werden muss.

Am Grab wird noch einmal besonders deutlich, dass der Tote nun von uns geht und dass wir uns nun endgültig von seiner körperlichen Hülle verabschieden. Er wird der Erde übergeben und wir bleiben weiterhin auf der Erde.

Dieses Bewusstwerden macht die Menschen noch einmal traurig, denn nun wird die Endgültigkeit des Todes noch einmal sehr klar. Darum brauchen die Angehörigen in dieser Situation auch besonders viel Trost und Zuspruch.

Ich werde immer traurig, wenn Menschen in der Traueranzeige schreiben: „Von Beileidsbekundungen am Grab bitten wir abzusehen". Denn damit nehmen sie sich schon vorab die Möglichkeit, den Trost durch andere Menschen zu erfahren. Dabei ist es sehr wohltuend und hilfreich, eine Umarmung, einen Händedruck oder ein „es tut mir so leid für Sie" zu erleben.

Es gibt ja immer die Möglichkeit, den Friedhof zu verlassen und wer dann im Moment der Grablegung nicht in der Lage ist zu bleiben, der kann ja immer noch gehen. Aber es ist schade, wenn sich die Angehörigen von vorn herein der Möglichkeit des „getröstet Werdens" berauben.

Und für mich wirkt es immer sehr unwürdig und hektisch, wenn alle nach der Grablegung schnellstens den Friedhof verlassen. Es sollte doch keine Flucht sein, sondern ein ruhiges Weitergehen, ein Zurückgehen ins eigene Leben, ein Weggehen vom Verstorbenen, der nun in einer anderen Welt geborgen ist.

17.) Finde einen Ausdruck für deine Gefühle

In der Trauerbegleitung wissen wir um die Wichtigkeit, den Gefühlen einen Ausdruck zu geben. Trauerbegleitung will einen neuen Umgang mit den Gefühlen schaffen. Das Ziel ist in jedem Fall: Finde einen Ausdruck für dein Gefühl, sieh hin, was im Augenblick an Gefühlen da ist und lass es fließen.

Das Problem bei Gefühlen ist ja, dass ein Nein zum Gefühl fatal ist, denn durch Verdrängen und ignorieren ist das Gefühl zwar vordergründig verstummt, aber innerlich wirkt es weiter. Die Verdrängung entlässt es nicht, sondern sie hält es fest in unserem Inneren.

Jedes Ja zu einem Gefühl befreit es und bringt es zum Fließen. All unsere Gefühle gehören zu uns und sie sehnen sich nach Anerkennung und Annahme, genauso wie jeder Mensch anerkannt und angenommen werden will.

Wenn wir uns Zeit nehmen und unsere Gefühle wohlwollend betrachten, wenn wir ihnen die Erlaubnis geben, da zu sein und sie aus dem Dunkel der Ablehnung herausholen, dann können sie fließen und dann können sie irgendwann gehen.

Viele Menschen meinen, dass sie sich mit ihren Tränen verstecken müssen. Oder sie sagen, dass sie während der Krankheit ihres Verstorbenen schon genug geweint haben. Nun reicht es angeblich und nun ist der andere ja auch erlöst von seinem Leiden.

Aber nach dem Tod kommt eine neue Phase des Abschieds. Menschen, die noch nie jemanden verloren haben, wissen nicht, wie es sich anfühlt, wenn ein geliebter Mensch stirbt. Wir können diese Erfahrung nicht planen oder uns vorstellen, was wäre wenn...

Genauso wie Menschen, die keine Kinder haben, es nicht nachvollziehen können, wie es ist, rund um die Uhr Verantwortung für ein Kind zu tragen, genauso können Menschen ohne Verlusterfahrung nachvollziehen, wie es sich anfühlt, wenn wir trauern.

In der Trauer machen viele Menschen die Erfahrung, dass es wohltuend ist, in einer Gemeinschaft zu trauern. In einer Familie oder in einer Gemeinschaft von Freunden fällt es vielen Menschen leichter, zu weinen.

Es hilft dem Menschen, wenn seine Tränen auch gesehen werden. Wer einmal kräftig geweint hat, weiß, dass es nach dem Fließen der Tränen besser geht.

Ein inneres Ja zu den Tränen öffnet die Schleusen der Seele.

Die Trauer darf nun fließen und je mehr sie fließt, desto eher wird der Trauernde den Weg zurück ins Leben und in die Freude am eigenen Leben wiederfinden.

Ein Nein zur Trauer hält sie innerlich fest und das kann auf Dauer schlimmer Folgen für den Trauernden haben. Er verhärtet innerlich und er trägt schwer am inneren Druck der Trauer, die keinen Ausdruck finden darf. Darum nur Mut zu den Tränen, sie sind Balsam für die Seele.

18.)   Von Herzen klagen dürfen

Es sehr wichtig, dass wir klagen dürfen in unserer Trauer. Auch die Wut über den Verlust darf einen Ausdruck finden. Ein Schrei kann helfen, sich Luft zu machen über die ungeheure Wucht der Trauer, plötzlich allein zu sein.

Nicht umsonst kannten alte Kulturen wie die Ägypter, die Griechen und die Römer die Klageweiber, die mit lautem Jammern und Klagen der Trauer Ausdruck gegeben haben. Auch heute gibt es diese Frauen noch in Montenegro und vereinzelt in einigen anderen Kulturkreisen.

Auch Jesus war am Kreuz verzweifelt und rief aus: „Vater, warum hast du mich verlassen?" Er versteht unsere Klage und auch unsere Verzweiflung, wenn wir einen geliebten Menschen verlieren.

Und er wird uns auch in unserer Klage nicht verlassen, denn wir sind ja in allen Momenten unseres Lebens geborgen in seiner guten Hand. Er will ja, dass wir durch den Schmerz des Abschieds hindurchgehen und dass wir letztlich immer das Leben haben – in seiner Auferstehung hat er uns den Weg gewiesen zum ewigen Leben bei Gott.

19.) Finde einen Ausdruck für deine Wut und Klage:

Leider haben viele Menschen es verlernt, ihrer Klage um einen Verlust einen angemessenen Ausdruck zu geben. Denn wir trauern ja auch um uns selbst, wir sind verlassen worden und mit dem geliebten Menschen sind oft auf Lebenspläne und Vorstellungen von der gemeinsamen Zukunft gestorben.

Darum dürfen wir auch klagen über diese Verlassenheit. Ein erster Schritt kann ein Schrei sein, im eigenen Haus wird man niemanden stören, aber auch das Auto ist ein guter Ort zum Schreien. Wenn man hier allein ist, wird der Schrei von niemandem gehört. (Es ist vielen Menschen sehr peinlich, wenn ihr Schrei von anderen gehört wird.)

Auch körperlich harte Arbeit wie Holzhacken oder Gartenumgraben kann ein guter Schritt sein, zu klagen und die Wut der Trauer herauszulassen. Wer keinen Garten hat, kann seine Matratze mit den Fäusten bearbeiten, auch dabei kann die Wut fließen und sich ausdrücken.

Nicht ausgedrückte Wut kann die Menschen sehr belasten und sie behindert den Fluss der Trauer auf jeden Fall erheblich. Nach einem Wutausdruck geht es den Menschen sehr viel besser als vorher, eben weil sie ihrer Verzweiflung einmal Luft machen durften.

Es fällt vielen Menschen sehr schwer, sich das Gefühl der Wut zuzugestehen.

Aber die Aggression ist auch eine Lebenskraft, die uns Menschen innewohnt und die unseren Urahnen oft das Leben gerettet hat.

Die Steinzeitmenschen waren den wilden Tieren oft ungeschützt ausgeliefert. Durch die Aggression wird Adrenalin freigesetzt, das dann die Kräfte des Menschen mobilisiert.

Dadurch waren unsere Vorfahren in der Lage, den Speer gegen den Säbelzahntiger zu schleudern oder schnellstmöglich wegzurennen und sich in Sicherheit zu bringen. Ohne Aggression wäre das nicht möglich gewesen und dann wären die Urmenschen ausgestorben.

Nur die modernen Menschen haben die Aggression als schlechte Eigenschaft abgestempelt. Aber nach wie vor brauchen wir auch diese Energie, um unser Leben zu meistern und um in Extremsituationen unsere Kraftreserven zu mobilisieren. Daum tun wir gut daran, auch dieses Gefühl in uns zu akzeptieren und es angemessen zu würdigen.

20.) Schreiben als Ausdruck für die Trauer

Das Briefritual

Allen Menschen, mit denen ich bisher gearbeitet habe, gebe ich das Briefritual mit auf den Weg. Es ist ein Ritual aus der Trauerbegleitung, das mir selbst und vielen anderen Menschen schon sehr geholfen hat.

In der Tradition des „Finde einen Ausdruck für dein Gefühl" kann das Schreiben eine gute Möglichkeit sein. Wir können jederzeit den Menschen, die uns verlassen haben, einen Brief schreiben.

In einem solchen Brief können wir zum Ausdruck bringen, was wir noch sagen möchten. Wir können aufschreiben, was wir schon lange im Kopf hin und her bewegen, wir können die ewigen Grübeleien zu Papier bringen und das hat dann eine ganz andere Qualität als das wochenlange Herumgrübeln.

Wenn ich etwas aufschreibe, kann ich es weglegen, es ist erst mal raus aus meinem Kopf. Und wenn ich einen Brief an einen verstorbenen Freund geschrieben habe, erleichtere ich mein eigenes Herz.

Ein solcher Brief kann dann ein paar Tage zuhause liegen, bis wir das Gefühl haben: „Nun kann ich ihn hergeben." Und dann kommt der zweite, wichtige Teil des Rituals.

Wir nehmen den Brief und gehen nach draußen, auf den Balkon oder in den Garten und wir suchen uns einen alten Blumentopf aus Ton oder einen aus Blech, der nicht so leicht kaputtgeht. Der Blumentopf ist ein Gefäß für unseren Brief.

Dann wird der Brief hineingelegt und angezündet. Es bleibt Asche übrig, denn der Brief ist durch das Feuer verwandelt worden. Die Asche wird buchstäblich beerdigt, indem wir mit den Händen ein kleines Erdloch graben, die Asche hinein geben und die Erde wieder darauf schaufeln.

Alles auf dieser Welt ist vergänglich und wechselt die Daseinsform. So ist auch unser Brief zu Asche geworden. Diese Asche wird von Mutter Erde umgewandelt in etwas Neues. So wie jeden Herbst die Blätter fallen und im Winter umgewandelt werden, so ist auch diese Asche Nährstoff für neue Pflanzen, die dann im Frühjahr die Erde begrünen werden.

Ich habe dieses Ritual schon öfter selbst angewendet, zum Beispiel auch für meine verstorbenen Großeltern und für einen Ex-freund, durch den ich sehr verletzt wurde. Seither habe ich mehr inneren Frieden mit diesen Menschen, die es mir schwer gemacht hatten.

Ein besonderes Erlebnis mit diesem Briefritual hatte ich vor einigen Jahren mit einer etwa 65- jährigen Frau. Ich lernte sie durch den Tod ihrer über 90- jährigen Mutter kennen und fragte im Verlauf des Gesprächs natürlich auch nach ihrem Vater.

Der Vater war vor über 30 Jahren verstorben durch einen Sekundentod, ein plötzliches Herzversagen ohne Vorwarnung, wie aus heiterem Himmel. Nur dass der Himmel nicht heiter gewesen war, denn die Tochter, mit der ich sprach, hatte sich vor seinem Tod heftig gestritten mit ihm und war voller Wut aus dem Haus gegangen.

Als sie nach drei Stunden nach Hause kam, war ihr Vater tot, einfach umgefallen wie ein Baum nach einem Unwetter. Die Tochter hatte natürlich sehr große Schuldgefühle und sie trug sie mehr als 30 Jahre mit sich.

Ich habe ihr dann empfohlen, das Briefritual anzuwenden und sich schriftlich bei ihrem verstorbenen Vater zu entschuldigen. Nach drei Wochen rief sie mich an und sie war sehr dankbar.

Sie sagte: „Vielen herzlichen Dank für diese Möglichkeit. Ich habe meinem Vater geschrieben, wie leid mir unser Streit getan hat und dann habe ich den Brief verbrannt und die Asche im Garten beerdigt. Das Schuldgefühl, welches 30 Jahre lang wie ein Felsblock auf mir lastete, ist jetzt weg. Denn ich konnte es ihm noch sagen, wie leid mir der Streit getan hat und wie sehr ich ihn vermisse!"

„Ich konnte es ihm noch sagen" – das war der entscheidende Satz. Viele Menschen leiden oft jahrelang, weil sie Dinge auf dem Herzen haben, die sie ihrem verstorbenen Angehörigen noch sagen wollten – und dann ist er einfach gestorben.

Die Trauer dieser Menschen kann nicht richtig fließen, weil sie von dieser alten Schuld belastet ist und die Menschen sind immer ein wenig niedergedrückt, weil sie so viel Unerledigtes mit sich herum tragen.

Das Briefritual ist eine sehr gute Möglichkeit, auch noch nach Jahren Dinge zum Ausdruck zu bringen und so alten Verdruss loszulassen. Probieren Sie es aus, es kostet nichts außer ein wenig Zeit und Mut, die alten Probleme zu benennen – oder einfach einen Ausdruck dafür zu finden, dass wir den Anderen sehr vermissen und dass wir ihn immer noch lieben. Ich hoffe, dass das Briefritual auch für Sie hilfreich sein wird.

Der Zettel am Bett

Ein weiterer Tipp, gerade für die erste Zeit der Trauer ist der Zettel am Bett.

Oftmals grübeln die Menschen nächtelang, ob sie in der Vergangenheit alles richtig gemacht haben.

Oder sie wälzen sich stundenlang herum, weil sie an so viele Dinge denken müssen, die noch zu erledigen sind. Aus Angst, etwas zu vergessen, können sie dann nicht einschlafen, oder sie träumen sehr unruhig.

Hier kann ein Block oder ein Zettel am Bett wahre Wunder wirken. Legen Sie sich immer einen Zettel oder einen Block mit einem Stift ans Bett. Und wenn Sie nachts aufwachen, schreiben sie direkt auf, was sie gerade gedacht haben.

Auch die zu erledigenden Dinge können hier aufgeschrieben werden. Am nächsten Tag ist dann Zeit genug, die Liste abzuarbeiten. Nach dem Aufschreiben sind die Menschen erleichtert und sie können dann beruhigt wieder einschlafen.

Eine Dame, deren Mann ich vor einiger Zeit beerdigt habe, traf ich neulich auf dem Friedhof. Sie erzählte mir Folgendes: „Ach, gut dass ich Sie hier treffe. Ich wollte mich noch für den Tipp mit dem Zettel bedanken.

Ich mach das immer, wenn ich nachts aufwache – und am Morgen schmeiße ich den Zettel dann direkt in die Mülltonne, denn ich will das gar nicht mehr wissen, was ich da gedacht habe. Das Aufschreiben tut mir sehr gut, ich kann danach besser wieder einschlafen."

So können ganz einfach Dinge helfen, die Trauerzeit besser zu überstehen und es ist mir sehr wichtig, den Menschen diese Hilfen anzubieten.

Das Trauertagebuch

Es kann auch hilfreich sein, ein Tagebuch in der Trauerzeit zu führen und in sehr schlimmen oder auch in guten Momenten das Schreiben als Ausdruck zu benutzen.

So kann man nach einigen Monaten eine Entwicklung nachverfolgen, denn Trauer ist ja ein Weg, der von jedem auf seine eigene Weise gegangen wird.

In der Trauer durchläuft man verschiedene Phasen, die durchaus normal sind und die jeder Trauernde auf seine Weise erlebt.

Es ist durchaus normal, dass der Trauernde auch den Wunsch empfindet, dass er dem geliebten Menschen nachsterben will. Gerade beim Verlust einer großen Liebe fühlen sich die Menschen wie amputiert und anfangs scheint das eigene Leben nun sinnlos und leer.

Durch das Schreiben kann man sich selbst von den quälenden Gedanken befreien, zumindest für den jetzigen Moment. Auch im Tagebuch sind Klagen und Wüten erlaubt.

Je mehr die Gedanken aus dem Kopf auf das Papier wandern, umso mehr wird der Trauernde entlastet. So kann er eine innere Inventur machen und Platz für neue Gedanken schaffen.

Neben den traurigen Gedanken, dem Klagen und der Wut darf der Trauernde es aber auch würdigen, wenn er zum Beispiel eine lange Pflegezeit durchgestanden hat.

Es zeugt von einer großen Liebe, wenn Menschen ihre Angehörigen pflegen und sie in Krankheit und Sterben begleiten. Dieser Dienst ist nicht immer leicht, aber er verdient große Anerkennung.

Zudem ist es ist ein großes Zeichen der Hoffnung, dass in unserer Welt die allermeisten Familien im Ernstfall füreinander da sind und dass sie sich in Krankheit und Tod unterstützen. Auch in diesem Dienst wird die Liebe unter den Menschen sichtbar. Die Liebe ist es ja, die den Pflegenden und Begleitenden und später den Trauernden die Kraft gibt, für den anderen da zu sein und selber nicht aufzugeben.

Das Erinnerungsbuch

Eine gute Möglichkeit, sich mit dem Abschied von einem geliebten Menschen auseinander zu setzen ist auch ein Erinnerungsbuch. In einem solchen Buch kann die Familie Fotos einkleben, Geschichten über die gemeinsame Zeit aufschreiben und das Buch dadurch immer wieder erweitern.

Manche Leute geben das Erinnerungsbuch an Freunde und Bekannte und bitten sie, ihre Erlebnisse mit dem Verstorbenen dort aufzuschreiben. So bekommen auch die Freunde eine Ausdrucksmöglichkeit und das Erinnerungsbuch wird so lebendiger und farbenfroher, als wenn es nur einer alleine schreibt.

Freunde, Kollegen und Bekannte haben ja andere Facetten des Verstorbenen kennengelernt und ihre eigenen Erinnerungen an ihn. Vielleicht haben sie alte Fotos, die die Familie gar nicht kennt und die sie nun im Erinnerungsbuch mit der Familie teilen können.

Auch im Internet gibt es verschiedene virtuelle Möglichkeiten, sich an einen verstorbenen Menschen öffentlich zu erinnern. Dort kann man eine eigene Seite für den Verstorbenen einrichten, wo dann verschiedenste Personen einen Eintrag machen können und wo sie Erlebnisse und Gedanken zum Verstorbenen schildern dürfen.

Auch diese neue, virtuelle Möglichkeit kann ein guter Ausdruck für die Trauer und Betroffenheit der Menschen sein, die den Verstorbenen gekannt haben. Und für die Familien kann es sehr tröstlich sein, zu sehen, was der Verstorbene für andere Menschen bedeutet hat.

Das Freudetagebuch

Auch und gerade in der Zeit der Trauer ist es wichtig, den Blick für die guten und schönen Dinge und Erfahrungen des Lebens nicht zu verlieren. Mit einem kleinen Tagebuch, das der Trauernde über ein paar Wochen oder Monate führt, kann er täglich üben, nicht nur in seiner Trauer zu versinken. Auch Trauernde dürfen dankbar sein für das Geschenk des eigenen Lebens, das sie ja trotz ihres Verlustes noch haben.

Auch für trauernde Menschen geht jeden Morgen die Sonne auf und auch sie können sich über ihre wärmenden Strahlen freuen. Auch für Trauernde blühen die Blumen, auch sie erleben den bunten Wechsel der Jahreszeiten und auch für sie singen am Morgen die Vögel des Himmels.

Trauernde Menschen leben nicht ganz allein auf der Welt. Auch in ihrem Leben gibt es andere Menschen, die ihnen freundlich begegnen. Ein Lächeln und ein gutes Wort, ein schönes Gespräch oder ein freundlicher Anruf bereichern auch das Leben von trauernden Menschen.

Die Dankbarkeit für die guten Dinge in unserem Leben sollte auch in der Trauerzeit nicht verloren gehen. Wenn wir uns immer wieder bewusst machen, dass nichts auf der Welt selbstverständlich ist und dass wir hier in Deutschland in Frieden und Wohlstand leben können, haben wir auch dafür Grund zur Dankbarkeit.

Indem sich Trauernde dazu anhalten, am Abend drei schöne Erlebnisse, und seien sie noch so klein, in ihr Freudetagebuch zu schreiben, nehmen sie diese guten Dinge in ihrem Leben bewusster wahr.

Und wenn dann die Trauerwellen wieder hoch über ihnen zusammenschlagen, ist es hilfreich, sich das Freudetagebuch zu nehmen und nachzulesen, wie viel Gutes es trotz der Trauer noch in ihrem Leben gegeben hat und noch immer gibt.

21.)   Kleine Schritte

Viele Menschen wollen nach einem Verlust am liebsten alles auf einmal regeln. Sie verbringen ihre Tage mit vielen Aktivitäten.

Sie sind völlig überfordert mit den vielen Entscheidungen, die zunächst bis zu Beerdigung zu treffen sind.

Manchen gelingt es nicht, auch nach der Beisetzung ruhiger zu werden. Sie meinen, sie müssen sofort alles ändern, alle Behördengänge erledigen.

Ich habe Menschen getroffen, die hatten schon vor der Beerdigung alle Sachen vom Verstorbenen weggegeben. Und eine Dame war schon zwei Tage nach dem Tod ihres Mannes beim Renovieren einer neuen Wohnung, weil sie auf keinen Fall in der gemeinsamen Wohnung weiterleben wollte.

All das können Menschen natürlich tun und es ist auch in Ordnung, wenn es ihnen hilft, sich sofort zu verändern. Aber ein grenzenloser Aktivismus kann auch eine Flucht sein vor der Trauer, die Leute laufen weg vor dem Alleinsein, sie sind den ganzen Tag beschäftigt und achten peinlich darauf, nur keine Ruhe aufkommen zu lassen.

Und wenn dann doch ein Moment der Ruhe kommt, lenken sie sich ab mit Fernsehen, Radio, Unterhaltung, telefonieren und anderem Tun. Dabei erkennen sie nicht, dass die Trauer um ihren Verlust sich durch den Aktivismus eben nicht auflöst.

Die Trauer braucht einen angemessenen Ausdruck, erst dann können die Wunden von innen heilen und erst dann wird es den Menschen auf Dauer besser gehen. Und wer den Weg der Trauer geht wird merken, dass Trauer auch schwere Arbeit ist. Es kostet Kraft, zu weinen, zu klagen und zu wüten.

Es kostet Kraft, morgens aufzustehen und das Leben nun allein weiter zu leben. Darum ist der Weg der Trauer auch der Weg der kleinen Schritte. In der Trauer geht es darum erstmal nur diesen einen Tag zu leben und dann die Nacht und dann den nächsten Tag.

Versuchen Sie, sich Zeit zu lassen und diesen einen Tag zu leben und an diesem einen Tag das zu tun, was notwendig ist. Alles andere findet sich zur rechten Zeit.

Gönnen Sie sich Pausen und Auszeiten und gestehen Sie sich zu, dass Trauer schwere Arbeit ist und dass sie darum auch viel Kraft kostet.

Viele Dinge regeln sich auch mit der Zeit und es ist auch keine Schande, nun andere Menschen um Hilfe zu bitten. Es gibt heute Trauernetzwerke, es gibt gute Therapeuten und Angebote für trauernden Menschen und es gibt auch Selbsthilfegruppen, Handwerker und hilfreiche Begleitungen.

Darum nutzen Sie die Hilfen, wenn Sie alleine nicht zurechtkommen. Und gehen Sie kleine Schritte. Es wird besser werden, aber eben anders als zuvor und auch der Weg der Trauer birgt die Chance auf Wachstum und Neubeginn.

22.) Gute Nachrichten: Liebe und Mitgefühl in den Familien

Man liest es nicht in der Zeitung und die Menschen sagen mir, dass ihr Handeln doch selbstverständlich ist. Denn sehr viele Familien leisten Beistand und Fürsorge, wenn sie ihre Angehörigen pflegen und begleiten.

Sie finden es jedoch nicht erwähnenswert und es ist ihnen sogar peinlich, wenn man es anspricht und sie lobt für ihren Einsatz.

Es ist ein hoher menschlicher Wert, dass Menschen ihre Verwandten pflegen, dass sie sie im Krankenhaus besuchen und dass sie für chronisch kranke Menschen da sind und sie auch beim Sterben begleiten.

Aber es wird als selbstverständlich gesehen und ich meine, dass es eben nicht selbstverständlich ist. In den Seniorenheimen gibt es leider auch Gegenbeispiele, denn manche alte Menschen werden nur selten oder gar nicht besucht.

Ich kann mich noch gut daran erinnern, wie es war, als wir unsere Oma zuhause gepflegt haben. Sie war ein sehr lieber Mensch und wir wollten sie auf gar keinen Fall in ein Pflegeheim geben. Also wurde ein verstellbares Krankenhausbett ins Wohnzimmer gestellt, denn woanders gab es keinen Platz dafür.

Hier lag die Oma dann neun Monate lang und meine Mutter, ihre Schwester und ich (damals war ich sechzehn Jahre alt) kümmerten uns um die tägliche Pflege.

Wir standen auch nachts auf, um nach ihr zu sehen, wenn sie uns rief. Das bedeutete aber, dass wir keine Zeit mehr für andere Dinge hatten, die Pflege der Oma stand an erster Stelle und immer machten wir uns Gedanken, wer da bleibt und wer das Haus verlassen kann, damit sie nicht alleine ist.

In den Berichten der vielen Angehörigen, die ich tagtäglich zu hören bekomme, wird immer wieder davon berichtet, dass die Menschen ihrem kranken, nun verstorbenen Verwandten beigestanden haben.

Manche Pflegezeiten dauern mehrere Jahre und in dieser Zeit geben die Pflegenden ihr eigenes Leben in großen Teilen auf. Wie kommt es dann, dass die Leute sich nicht trauen, diesen oft so schweren Dienst für sich zu würdigen und sich selbst einmal auf die Schulter zu klopfen, dass sie das gut gemacht haben.

Stattdessen kommen eher Sätze wie: „Ich hätte noch mehr tun sollen, ich hätte noch länger am Bett bleiben sollen, ich hätte nicht so unbeherrscht sein dürfen, ich habe ja manchmal mit ihm geschimpft, das tut mir so leid" und so weiter.....

Anstatt zu sehen und zu würdigen, dass die Pflege des Angehörigen ein großer und oftmals schwerer Dienst war, legen die Menschen immer zuerst den Blick auf die vermeintlichen Fehler und das ist schlimm.

Anstatt anzuerkennen, dass viel Liebe dazu gehört, Tag und Nacht da zu sein und seine eigenen Bedürfnisse hinten an zu stellen, sehen die Leute nur das, was sie hätten besser machen können.

Jeder Mensch handelt so gut er kann – in jedem Moment seines Lebens – also auch in der Pflegezeit. Und wir sind alle Menschen mit Schwächen und Fehlern und wir können nicht immer nur gut drauf sein und rund um die Uhr die Welt mit guter Laune beglücken.

Wieso erwarten wir dann von uns, dass wir bei der Pflege eines Menschen immer die Superhelden sind, die alles perfekt machen? Es spielt doch keine Rolle, ob wir rund um die Uhr perfekt sind, das, was zählt ist doch unser Da- sein, wir bleiben dabei und sehen zu, wie ein lieber Mensch immer mehr abbaut und das ist ein großer Liebesdienst.

Ich glaube, dass es viel mehr Liebe unter den Menschen gibt als wir wissen, denn das steht eben in keiner Zeitung, das ist ja vermeintlich selbstverständlich und die bösen Taten der Menschen verkaufen sich ja auch viel besser.

Es ist und bleibt mir wichtig, den Menschen, die ihre Angehörigen pflegen, diese Anerkennung zu geben, ihnen immer wieder zu sagen: Das habt ihr gut gemacht, ihr habt euren Leuten beigestanden und ihr seid eben nicht weggelaufen vor dem Leid des anderen und vor seinem Sterben.

Und dass Ihr da gewesen seid und eure Lieben gut begleitet habt, das verdient große Anerkennung, das ist etwas Besonderes und das ist in keiner Weise selbstverständlich.

Jesus hat einmal gesagt:" Niemand hat eine größere Liebe als wer sein Leben hingibt für einen Freund." Wörtlich verstanden habe ich früher gedacht, dass er damit meint, dass ich mich für einen anderen umbringen lasse, um den anderen zu retten. Inzwischen verstehe ich dieses Jesuswort anders:

Auch pflegende Angehörige und auch junge Mütter, die jede Nacht aufstehen, um nach ihren Lieben zu sehen, geben in dieser Lebensphase ihr eigenes Leben ein Stück weit auf und kümmern sich voll und ganz um den Kranken oder das Kind. Sie geben ihr Leben ein Stück weit auf, um für den anderen da zu sein. Und genau das ist eine große Liebe, ein Akt der Nächstenliebe, der sicher auch von Gott gewürdigt wird.

In fast allen Geschichten, die ich aufgeschrieben habe, wurden die Verstorbenen intensiv von ihren Angehörigen begleitet, weil sie pflege- oder hilfsbedürftig waren oder weil sie im Krankenhaus liegen mussten.

Ich bin sehr dankbar für diese Erfahrungen, denn damit sehe ich tagtäglich, wieviel Liebe und Mitgefühl es auch in unserer Gesellschaft gibt. Und das ist doch ein Grund zur Freude, dass der Geist des Christentums sehr wohl in unserer Gesellschaft lebt.

23.) Vom Selbst- Wert-Gefühl

Woher kommt es eigentlich, dass viele Menschen sich so gering einschätzen? Einerseits wurden wir alle dazu erzogen, brav und lieb und fleißig zu sein. Doch wenn wir eine gute Leistung erbracht haben, wurde uns die Freude darüber gleich wieder genommen mit Sätzen wie: „Spiel dich nicht so auf: Bilde dir bloß nicht so viel darauf ein. Stell dich nicht so in den Vordergrund. Und das berühmte: „Eigenlob stinkt."

Sind diese allseits bekannten Glaubenssätze wirklich wahr? Tut es uns gut, wenn wir glauben, dass wir unsere eigenen Leistungen nicht loben und wertschätzen dürfen? Nehmen wir uns nicht die eigene Lebensfreude, wenn wir unsere gut gelungenen Taten nicht würdigen und feiern?

In der Erziehung von Kindern werden auch heute noch die Fehler, das „Nichtwohl- Verhalten" viel mehr angeprangert, als dass die guten Verhaltensweisen gelobt werden. Forscher haben herausgefunden, dass jedes Kind bis zum 12 Lebensjahr für jedes „Ja" 17 Mal (Siebzehn! Mal) ein „Nein" hört.

Wenn ein Kind zuhause ein Glas zerbricht, wird das oft genug nicht als einfaches Missgeschick dargestellt, nein, das Kind bekommt dann zu hören: „Immer machst du alles kaputt". „Kannst Du nicht besser aufpassen" Oh du Tollpatsch, hast du schon wieder Mist gebaut." Und so weiter.

Auch in der Schule werden die Fehler viel mehr hervorgehoben als die Erfolge eines Kindes. In einem Diktat von zwei Seiten stechen vier Fehler mit roter Tinte gekennzeichnet hervor, wie Schandflecken. Die hundert richtigen Wörter werden nicht gebilligt, dafür gibt es kein Lob, denn es gab ja vier Fehler...

Und dann wundern wir uns, dass wir selber (die wir ja als Kinder all das mitgemacht haben) und auch unsere Kinder eben keine selbstbewussten Menschen geworden sind.

Denn von außen, von Elternhaus und Schule wurde uns ja jahrelang deutlich gemacht, dass wir kleine ohnmächtige Versager sind, die nur ab und zu etwas richtig gemacht haben.

Diese Erziehung wirkt sich jedoch fatal auf das Leben der so erzogenen Menschen aus. Im Extremfall können sie ihre eigenen Leistungen nicht sehen, sie halten alles, was sie tun für selbstverständlich und sie haben diesen inneren Antreiber in sich, der sie zu immer neuen Höchstleistungen anspornt.

Denn das kleine Kind von damals, das immer noch in ihnen weiterlebt, sehnt sich immer noch nach der Anerkennung und Wertschätzung der Eltern (ihrer Kindheit) und sie sind auch in ihren eigenen Augen nie gut genug.

Es ist traurig, dass wir den Blick für unser eigenes Gutsein verloren haben, es ist schade, dass wir unsere guten Taten so selbstverständlich sehen und dass wir unseren eigenen Leistungen so wenig würdigen.

Lenken wir den Blick doch mehr auf unser Bemühen, auf unsere Erfolge und all die guten Dinge, die wir alle jeden Tag so vollbringen. Mehr Bewusstsein für unsere guten Taten kann uns und anderen Hoffnung geben, dass wir in der Lage sind, uns eine glückliche Zukunft aufzubauen.

Und unsere Selbstliebe ist der erste wichtige Schritt auf dem Weg zur Nächstenliebe.

24.) Glücklich Sterben – das höchste Lebensziel

In all den Geschichten, die ich gehört habe, zeigt sich das Leben in seinen unterschiedlichsten Facetten. Jeder lebt seine Tage auf dieser Erde auf seine Weise und oft genug begleitet das Lied von Frank Sinatra den Abschied, wenn er singt: „I did it my way" – „ich lebte auf meine Weise, ich lebte nach meinen Vorstellungen und auf meine Art".

Dieses Lied steht sicher auch über meiner eigenen Geschichte und durch meine ständige Berührung mit der Endlichkeit des Lebens ist mir jeder Tag auf seine Weise kostbar geworden.

Besonders wichtig ist für mich dabei die Qualität der Zeit, was tue ich jeden Tag, mit welchen Menschen umgebe ich mich, fühle ich mich wohl in meinem Zuhause und mit den Menschen, die in meiner Familie um mich sind?

Es wird am Ende unseres Lebens nicht darum gehen, wie viele Jahre wir gelebt haben, sondern darum, was wir mit unserer Zeit angefangen haben. Und viele ältere Menschen sagen, dass sie nicht bereuen, was sie gelebt haben, aber dass sie bedauern, vieles nicht gelebt zu haben, was sie sich früher einmal gewünscht hatten.

Darum geht es eben immer um den heutigen Tag, was habe ich für mein eigenes Glück getan? Und was habe ich für das Glück der anderen Menschen getan, die zu mir gehören?

Es ist bitter, wenn Menschen am Ende ihres Lebens erkennen: Eigentlich wollte ich ein ganz anderes Leben, eigentlich habe ich nie das gelebt, was ich mir vorgestellt hatte, eigentlich habe ich meine eigenen Träume nie zugelassen und das, was mein Herz wollte, habe ich tausendmal verraten.

Für manche Menschen fühlt es sich sogar so an, dass sie sagen: Eigentlich habe ich nie wirklich gelebt! Darum fragen Sie sich heute: Ist Ihr Leben so, dass Sie glücklich sind?

Ich habe schon sehr früh in meinem Leben erkannt: Wenn ich selbst unglücklich bin, dann kann ich auch meinen Partner und die anderen nicht glücklich machen.

Dann trennte ich mich von meinem ersten Partner, weil ich erkannt hatte, dass ich unglücklich mit ihm bin. Zu viele Gegensätze boten mir kein Fundament für ein gemeinsames, glückliches Leben. Es war mir zu anstrengend, immer gegen seine Introvertiertheit anzukämpfen, denn ich traf mich im Gegensatz zu ihm schon immer gern mit anderen Menschen.

Ich beschloss dann, dass ich nach einem Partner Ausschau halten würde, der in den wesentlichen Dingen ähnlich denkt und fühlt wie ich. Fünf Jahre nach der Trennung fand ich ihn und ich bin seit über 25 Jahren mit ihm glücklich verbunden.

Das bedeutet nicht, dass wir in allen Dingen einer Meinung sind, aber dass wir wohlwollend mit einander umgehen und dass wir ständig im Gespräch sind, auch über die scheinbar kleinen, bedeutungslosen Alltagsdinge.

Das Leben ist am Ende eine Summe von Millionen Kleinigkeiten und eine Liebesbeziehung, eine Partnerschaft, eine Ehe lebt nicht von den einmal gesagten Worten des: „Ich liebe dich." Sie lebt von den Kleinigkeiten, von den Gesten der Zuneigung, von den Gesprächen und von den offenen Augen und Ohren für den anderen.

Jemand hat einmal gesagt: „Zu Lieben bedeutet: etwas Schönes für den anderen tun" .Ich verstehe das so, dass es nicht einmalig, sondern immer wieder als Aufgabe und Ziel der Liebe gemeint ist.

Wenn Menschen über ihre Ehe sagen: „Ich liebe ihn oder sie noch genauso wie am ersten Tag!" bekomme ich immer eine Gänsehaut. Was für ein Armutszeugnis. Wie kann eine Liebe in vielen gelebten Jahren nicht wachsen, mehr werden, tiefer gehen? Was läuft da schief, wenn man das erste Gefühl der Verliebtheit festhalten, ja herauf beschwören muss.

Für mich bedeutet die Liebe ein ständiges Wachsen und im Lauf der 25 Jahre mit meinem Mann ist die Liebe viel viel größer geworden.

Auch die vielen gemeinsamen Stunden, die guten Erinnerungen haben dazu beigetragen, dass die Liebe gewachsen ist und dass er mir immer mehr bedeutet.

Wie schade, wenn Liebe nicht größer wird. Mein alter Freund Pater Matthias hat einmal gesagt: „Die Liebe von gestern genügt heute nicht mehr" und damit umschreibt er die ständige Aufgabe, die die Liebe ist. Eine lebendige Partnerschaft ist nie fertig, abgeschlossen und unveränderlich.

Im Gegenteil, eine Partnerschaft wächst mit den Aufgaben des Lebens und es geht sicher darum, zusammen einen Weg zu gehen, auch wenn jeder innerhalb der Partnerschaft eine eigene Entwicklung machen wird.

Auch die Freiheit gehört unbedingt dazu, das Vertrauen in den anderen und die Bereitschaft, den anderen zu unterstützen, damit er sich entfalten kann.

Dazu gehört auch der berufliche Weg, den man geht. Ich habe viele berufliche Erfahrungen gemacht und mich immer wieder verändert, bis ich mit 40 Jahren meine Berufung zur Trauerrednerin gefunden habe.

Dieser für viele exotische Wunsch war auch für meinen Mann zunächst fremd, er konnte sich nicht vorstellen, dass ich dieser Aufgabe gewachsen war.

Aber als ich nach meinem ersten Trauerwochenende mit einem Lächeln nach Hause kam und er merkte, dass es mir gut damit geht, ließ er mich meinen Weg gehen. Wenn er heute gefragt wird, was ich beruflich mache, erzählt er: „Sie ist Trauerrednerin." Dann fragen die Leute: „Ist sie nicht dauernd niedergeschlagen, wenn sie ständig mit Trauer und Tod umgeht?"

Das Gegenteil ist der Fall. Er sagt dann: „So gut ist es ihr mit keinem anderen Beruf gegangen, denn sie wird ja ständig gelobt und sie bekommt viel Anerkennung und Wertschätzung von ihren Auftraggebern."

Sie sehen also an meinem Beispiel, dass auch ein ausgefallener Beruf glücklich machen kann, darum fragen Sie sich auch: „Macht mich meine Arbeit glücklich oder gehe ich jeden Morgen mit Bauchschmerzen in meine Firma?" Auch in wirtschaftlich schwierigen Zeiten gibt es viele verschiedene Berufsbilder und diverse neue berufliche Möglichkeiten.

Darum machen Sie sich auf die Suche, fragen Sie sich, ob Sie wirklich ihren eigenen Weg gehen oder ob sie einen Weg gehen, den andere für Sie ausgesucht haben.

Eins ist sicher: Leben bedeutet ständige Veränderung und all die vermeintlichen Sicherheiten sind am Ende unseres Lebens nur noch Schall und Rauch. Und ein zweites: Jeder Mensch hat in jedem Moment seines Lebens die Wahl, seine Zeit selbst zu gestalten.

Also wählen Sie neu, überprüfen Sie, ob Sie mit Ihrem Leben glücklich sind oder ob Sie, wenn Sie morgen sterben müssten, auf ein unglückliches, unerfülltes Leben zurück blicken würden.

Sie und nur Sie allein haben alles in der Hand. Also machen Sie das Beste daraus, werden Sie der Beste, der Sie sein können. Ich wünsche Ihnen, dass es Ihnen gelingt, am Ende ihres Lebens auf eine glückliche Zeit auf dieser Erde zurück zu sehen.

Das folgende Gedicht gebe ich allen trauernden Witwen und Witwern mit auf den Weg:

Liebesgedicht, das den Empfänger nicht mehr erreichen kann

Auch wenn Du

von mir gegangen bist,

bin ich verpflichtet

gut zu leben.

Verpflichtet mir

und vor allem Dir,

denn du würdest

es hassen

und mich beschimpfen,

wäre mein Leben dunkel

und nicht mehr lebenswert.

Kristiane Allert-Wybranietz

(*1955, Kontakt: Zum Horsthof 6, 31749 Auetal-Rolfshagen, allert-wybranitz@t-online.de)

Möge es auch auf Ihrem Weg, liebe Leserin und lieber Leser hilfreich sein.

MIX

Papier | Fördert
gute Waldnutzung

FSC® C083411

Zeitfracht Medien GmbH
Ferdinand-Jühlke-Straße 7
99095 Erfurt, Deutschland
produktsicherheit@kolibri360.de